지금 이 순간
당신이 숨 쉬는 바로 그곳에서
진정한 사랑, 완전한 행복을
누리시길 바랍니다.

_____ **님께**

_____ **드림**

나는
지금
누구를
사랑하는가

Question Your Thinking, Change The World
Copyright © 2007 by Byron Kathleen Mitchell
Originally published in 2007 by Hay House Inc. USA

Korean translation Copyright © 2011 by Sam&Parkers Co., Ltd.
Korean translation rights arranged with Hay House UK Ltd.
through EYA(Eric Yang Agency)

이 책의 한국어판 저작권은 EYA(Eric Yang Agency)를 통한 Hay House UK Ltd.사와의
독점계약으로 한국어 판권을 (주)쌤앤파커스(Sam&Parkers)가 소유합니다.
저작권법에 의해 한국 내에서 보호를 받는 저작물이므로 무단전재와 복제를 금합니다.

Question Your Thinking, Change The World

나는 지금 누구를 사랑하는가

바이런 케이티 지음 | 유영일 편역

쌤앤파커스

나를 고통스럽게 만드는 것은
내 생각일 뿐, 내 삶이 아닙니다.

생각에 집착하면 두렵고 고통스러워집니다.
생각을 생각하지 않을 때
나는 비로소 자유로워집니다.
모든 문제는 생각에서 비롯되며
그 생각에 대한 믿음에서 비롯됩니다.

아무도 내게 상처 줄 수 없습니다.
오직 나만이 나에게 상처 줄 수 있습니다.

바이런 케이티

완전한 삶으로의 초대

관계에서 시작되어 관계로 끝나는 우리의 삶.
하지만 그 관계 속에서 상처받고 고통받는 우리의 삶.
나 자신조차 진정한 나로 살았던 적 없고,
자신도, 타인도, 제대로 만나고 사랑한 적 없는 우리의 삶.

과연 그동안 우리는 누구를 만나고 누구를 사랑했을까요?
있는 그대로의 그 사람을
온전히 느끼고 사랑했다 말할 수 있을까요?
이것만 바뀌면, 저것만 바뀌면
그 사람을 더 사랑할 수 있을 거라 생각하지 않았나요?
이것만 바뀌면, 저것만 바뀌면
내 삶이 더 행복해지리라 생각하지 않았나요?
내 머릿속으로 지어낸 이야기로 이런저런 판단을 하며
사랑했다 증오했다, 행복했다 불행했다
혼란스러워했던 것은 아닐까요?

우리는 누군가에게 인정받고 사랑받는 삶을 꿈꾸며
노력해왔습니다. 내 자신을 그 틀에 맞춰 변화시켜 왔습니다.
상처받지 않기 위해 아등바등 살아왔습니다.
그래서, 우리 삶은 사랑으로 충만하고 평화로웠나요?
결국, 늘, 상처받지 않았나요?

관계 속에서 힘들어하는 우리에게 바이런 케이티는 말합니다.
"우주에는 실수가 없습니다. 당신에겐 아무런 문제가 없습니다.
오직 마음의 문제일 뿐입니다!"
바이런 케이티는 일찍이 '새 시대의 영적 지도자'(〈타임Time〉),
'지구인을 위한 위대한 축복'(에크하르트 톨레)이라 주목받아왔습니다.
우리는 단순하면서도 강렬한 그녀의 가르침을 통해
나 스스로 나 자신을 해방시키는 법,
진정한 사랑을 하고 온전한 삶을 누리는 법을 알아갈 것입니다.
삶의 비밀, 그 궁극의 해답을 찾아 나갈 것입니다.

이제, 그 축복의 앤솔로지에 빠져들 시간입니다.

contents

intro 당신은 누구보다 지혜롭다   11

1 나는 그를 사랑하는가, 내가 지어낸 이야기를 사랑하는가   27
사랑과 섹스, 관계로부터 자유로워지기

사랑과 욕망의 차이 29 | 원하는 것은 내 안에 있다 34 | 진실과 가까이, 좀 더 가까이 37 | 거울 속에 비친 사람은 누구인가? 42 | 분리 없는 사랑, 장벽 없는 사랑 44 | 우리가 지어낸 이야기들 46 | 오직 나만이 할 수 있는 일 52 | 있는 그대로 바라보라 55 | 나는 나와 결혼했다 64 | '나 자신을 필요로 하라 67 | 가장 아름다운 순간 73

몸은 나무와 꽃, 호흡처럼 순수하다   81
삶과 죽음으로부터 자유로워지기

나에게 '나'는 정상이다 83 | 내 몸을 능욕하지 말라 87 | 생각을 바꾸면 고통도 멈춘다 91 | 한계가 없는 존재 100 | 죽음과 삶은 대등하다 105 | 누가 신을 가르치려 하는가? 110 | 삶의 충동에서 벗어나라 117

우리는 가족을 진정으로 만난 적이 없다   123
부모와 자녀, 가족으로부터 자유로워지기

엄마는 꼭 딸을 사랑해야 할까? 125 | 부모가 줄 수 있는 최고의 사랑 129 | 진정한 소통 136 | 아이에게 자신의 삶을 돌려주는 법 140 | 내가 행복해야 모든 것이 행복하다 151 | 가족은 나의 역사다 154 | 신神으로 변장한 사람들 165

마루를 닦는 성자, 물건을 파는 성자　　171
일과 돈, 성공으로부터 자유로워지기

행복은 깨끗이 비워진 마음 173 | 나는 노예이며 노예의 주인이었다 181 | 진정한 일이란 무엇인가? 188 | 있으면 있는 대로 없으면 없는 대로 194 | 지금 이 순간을 산다는 것 199

남김없이 사랑하라, 있는 그대로를　　203
나 자신으로부터 자유로워지기

나는 당신의 마음, 당신의 고향 205 | 고양이에게 개처럼 짖는 법을 가르치는가? 209 | '생각'을 친구처럼 만나라 216 | 우주에는 실수가 없다 219 | 마음을 위한 집 227 | 숨을 쉬는가, 숨이 쉬어지는가? 234 | 어느 것이든 아무것도 아닌 것보다는 낫다 239

당신은 누구보다 지혜롭다

intro

    이 책에 담긴 글들은 당신의 내면에 이미 잠재된 것을 일깨워 주는 촉매제일 뿐입니다. 당신이 그토록 찾아왔던 '지혜'는 이미 당신 안에 내장되어 있습니다. 우리는 모두 심오한 지혜의 소유자들이며, 여기에는 차별이 없습니다. 당신 자신보다 더 많은 지혜를 가진 자는 없습니다.

    당신은 당신의 행복을 위한 '작업 The Work'을 통해 당신의 내면에 존재하는 지혜를 찾을 수 있습니다. 필요할 때는 언제든지 내면으로 들어가 당신의 지혜를 꺼내 사용할 수 있습니다.

    문제에 직면하면 우리는 당황하곤 합니다. 하지만 침착하게 내면으로 들어가 당신의 참된 진실을 찾아보십시오. 그것이 문제의 치료제이며, 그 치료제는 당신에게 자유를 선물할 것입니다.

    내가 워크숍이나 책을 통해 '작업'을 유도하는 이유는, '작업'

을 통해 내면으로 들어가 자유를 스스로 체험할 수 있도록 돕기 위함입니다. 당신 자신 속에 이미 존재하고 있는 자유를 체험하는 것입니다. 그 지혜는 변하지 않고, 움직이지 않고, 언제나 그 자리에 존재하면서 당신을 기다리고 있습니다. '작업'을 하면 그 지혜를 만나게 됩니다. 당신에게는 스승이 필요하지 않습니다. 당신이 구하면 받습니다. 그리고 이제 당신은 무엇을 구해야 하는지 알고 있습니다. 다른 사람의 대답을 기다리지 마십시오. 내가 하는 말도 믿지 마십시오. 자신의 지혜에 맡기십시오.

우리의 고통은 우리 스스로 만든 것이고,
그러니 우리는 그것을 끝낼 수 있습니다.
이보다 더 간단한 일이 어디 있을까요?

가장 간단하고 가장 강력한 가르침, 작업

'작업'은 간단하지만 대단히 강력한 힘을 지닌 자아인식 과정입니다.
'작업'은 세상살이에서 온갖 고통을 야기하는, 당신에게 스트레스를 주는 생각이 어떤 것인지를 알아보고, 그 생각에 물음표를 붙이도록 만듭니다.

'작업'은 네 가지 질문으로 이루어져 있습니다. 당신을 괴롭히는 생각에 그 질문을 적용하면 됩니다.

'작업'은 당신에게 상처를 주는 것이 무엇인지를 이해하는 길이고, 당신의 모든 괴로움과 스트레스를 끝내는 길입니다.

'작업'은 마음을 열기만 하면 누구에게나 효력을 발휘하고, 삶 전체에 심대한 영향을 줍니다.

'작업'은 당신 자신의 삶뿐만 아니라, 배우자의 삶과 자녀의 삶, 손자, 손녀의 삶에도 영향을 끼칩니다.

'생각' 자체는 조금도 해롭지 않습니다. 해로운 것은 우리의 생각이 아니라 생각에 덧붙여지는 당신의 '집착'입니다. 그 집착이 괴로움의 원인입니다. 어떤 생각에 집착한다는 것은, 그 생각에 의문을 품어볼 시도도 하지 않은 채 그것을 사실이라고 믿는 것을 의미합니다. 믿음이란, 우리가 오랫동안 집착해온 생각입니다.

사람들은 대부분 '나는 이러저러한 사람이야.'라고 알려주는 자신의 생각을 곧이곧대로 믿습니다. 어느 날 나는 내가 숨을 쉬는 것이 아니라, 숨이 쉬어지고 있다는 사실을 깨달았습니다. 곧이어 놀랍게도, 내가 주체를 갖고 생각하는 것이 아님을 알게 되었습니다. 내가 생각을 하는 것이 아니라, 생각이 저 스스로 떠오르고 있는 것이었습니다!

생각이란 제가 소유할 수 있는 것이 아니었습니다. 아침에 잠에서 깨어나자마자 "오늘은 아무 생각도 하지 말아야지."라고 자신에게 말해보십시오. 그렇게 말하는 순간, 이미 늦었습니다. 이미 그 생각이 떠오른 것이니까요! 생각은 그저 떠오릅니다. 생각은 무無에서 나와서 무로 돌아갑니다. 텅 빈 하늘을 가로질러 지나가는 구름처럼 생각은 지나갈 뿐, 머무는 법이 없습니다. 생각을 사실인 것처럼 믿고 집착하지만 않는다면, 생각 자체는 아무런 해가 없습니다.

툭하면 자신의 생각이 어떻다고들 이야기하지만,
사실, 자신의 생각을 통제할 수 있는 사람은 없습니다.
나는 생각에서 해방되려고 애쓰지 않습니다.
이해심을 갖고 생각을 대하면, 생각이 나를 해방시켜 줍니다.

마음을 종이 위에 내려놓다

'작업'의 첫 단계는 과거든 현재든 미래든, 당신을 괴롭히는 생각들을 적는 것입니다. 싫어하는 사람에 대한 생각도 좋고, 화나게 하거나 두렵게 하거나 슬프게 하는 사람과의 관계도 좋습니다.

수천 년 동안 우리는 타인을 판단하고 비판하지 말라고 배워왔습니다. 하지만 우리는 여전히 내 가족과 친구가 어떻게 살아야 할지, 내 남편과 아내가, 내 동료와 상사가 어떻게 말하고 행동해야 할지, 함부로 잣대를 들이대고 비판의 칼날을 휘두르곤 합니다. 우리는 '작업'을 통해 이러한 판단을 억압하기보다는 활용함으로써, 자아인식의 출발점으로 삼을 것입니다.

자신이 어떤 판단을 얼마나 어떻게 내리고 있는지 종이 위에 적어보면, 종이 위에 쓰여진 당신의 생각들이 비명을 지르는 듯 느껴질 것입니다. 당신의 생각들을 적어봄으로써, 첫째, 당신의 마음을 따로 떼어놓고 볼 수 있고, 둘째, 당신이 당신 자신에 대해 무엇을 깨닫지 못하고 있는지 발견할 수 있습니다. 그리고 마지막으로, 자신이 품은 가장 불쾌한 생각마저도 조건 없는 사랑으로 대할 수 있게 됩니다.

아직 완전히 용서하지 못한 사람이 있다면, 그 사람에 대해 적어보십시오. 그 사람을 99퍼센트 용서했다 하더라도, 100퍼센트가 아니라면 당신은 자유로워질 수 없습니다. 용서하지 못한 그 1퍼센트가 바로, 당신 자신과의 관계를 포함하여 다른 모든 관계를 가로막는 함정이 됩니다.

'작업'이 익숙하지 않은 사람이라면, 아직은 자기 자신에 대해서는 적지 마십시오. 자기 자신을 어떻게 생각하고 판단하는지를 적는 것으로 시작하면, 판에 박힌 답변을 늘어놓을 수밖에 없습니다. 타인에 대한 판단들을 적어보고 그 생각(판단)들에 물음표를 붙여 검토하고 뒤집어보면, 내적 자유로 가는 길이 어렵지 않게 뚫리곤 합니다. 당신 자신에 대한 판단은 '작업'이 충분히 익숙해진 다음, 자신에게 솔직해져서 당신 자신에 대한 판단을 신뢰할 수 있을 정도가 되었을 때 하는 것이 좋습니다.

비판하는 손가락을 타인을 향해 가리키면, 초점은 자신을 비껴가고, 따라서 당신은 편안한 마음으로 가감 없이 자신의 대답을 들을 수 있습니다. 우리는 다른 사람들이 어떻게 살아야 하는지, 그들이 누구와 함께 어떤 방식으로 살아야 하는지, 그들에게 무엇이 필요한지 굳게 확신하는 경우가 많습니다. 저 사람은 그 일을 했어야 하는데, 그렇게 살면 안 되는데, 그 사람과 결혼하지 말았어야 했는데… 등등 대단한 확신을 가지고 판단 내리곤 합니다. 우리의 시력은 타인을 바라볼 때는 무척 뛰어나지만 자기 자신을 볼 때는 그렇지 않습니다.

'작업'을 통해 당신이 다른 사람들에 대해 어떤 생각을 품고 있는지 알아차리고, 그럼으로써 당신 자신이 누구인지 그 본질을 알아차리게 됩니다. 결국 당신 이외의 모든 것은 당신 자신의 생각이 투영된 결과라는 사실을 깨닫게 됩니다. 당신은 이야기를 지어내는 스토리텔러이자, 그 모든 이야기를 비추는 영사기이며, 세상은 당신이 품고 있는 생각의 이미지가 투사된 것입니다.

오랫동안 사람들은 행복한 삶을 위해 세상을 바꾸려고 노력해왔습니다. 하지만 아무 소용이 없었습니다. 까닭은, 문제에 거꾸로 접근했기 때문입니다.

'작업'은 투사된 이미지가 아닌 영사기, 곧 '마음'을 바꾸는 방법입니다. 스크린 위에 나타난 이미지에 문제가 있다고 느끼면 우리는 등장인물을 이 사람, 저 사람으로 바꿔보려고 애를 씁니다. 하지만 다음 사람, 그 다음 사람에게도 늘 똑같은 문제가 나타납니다. 이처럼 투사된 이미지를 바꾸는 것은 소용없는 일입니다. 스크린에 투사된 이미지의 문제가 아니라, 영사기의 문제라는 사실을 알아차리고 렌즈를 닦아야 합니다. 그러면 괴로움이 끝나고, 천국에서의 기쁜 나날이 시작됩니다.

다른 사람에 대해서는 확신을 가지고 판단하면서
우리 자신은 제대로 보지 못했다면,
이제 네 가지 질문을 던져보십시오.

생각에 질문을 던져라

누군가 당신을 화나게 하고, 짜증스럽게 만들고, 슬프게 하고, 좌절시키고, 두렵게 하고, 실망스럽게 하나요? 당신의 이 모든 생각에 '작업'을 걸어보십시오. 괴로움과 고통의 원인이 되는 어떤 생각이든 '작업'을 적용시킬 수 있습니다. '그가 나를 떠났어.' '회사가 나를 인정해주지 않아.' '나는 너무 매력이 없어.' '돈이 없어서 뭘 할 수가 없어.' '과연 그는 나를 사랑할까?' '우리 아이들은 왜 이렇게 내 말을 안 듣는 거지?' 등등, 여러 생각들이 하루에도 수없이 마음을 스쳐 지나갑니다.

이런 생각들을 믿는 순간 괴로움이 시작됩니다. 하지만 이런 생각들에 의문을 품고 물음표를 던지면, 당신의 마음을 괴롭히는 것이 무엇인지를 발견해낼 수 있습니다. 있는 그대로의 실상과 생각으로 만든 허상을 구별하게 되면, 당신은 자연스레 더 분명하고 효율적으로 행동하기 시작하고, 궁극적으로 늘 바랐던 삶을 살게 됩니다.

우선, 나를 괴롭히는 생각, 즉 당신을 힘들게 하는 사람들(가족, 연인, 직장동료, 친구…)에 대한 생각을 종이에 적으십시오. 글로 쓰지 않고 머릿속으로 '작업'을 진행하고 싶은 유혹이 들겠지만, 종이에 적지 않으면 당신 마음은 당신을 교묘하게 속일 것입니다. 마음이 들려주는 이야기를, 그것이 비록 유치하고 편협하고 충동적이고 비판적인 것이라도 모두 종이에 옮기십시오. 모든 고통과 좌절과 분노와 슬픔을 마음이 이야기하는 대로 적는 과정은, 당신 내면을 투명하게 들여다볼 수 있게 합니다. 그리고 당신 내면의 이야기를 이해할 수 있도록 도와줍니다.

  당신의 생각을 적는 일을 돕는 여섯 가지 질문, 〈타인에 대한 당신의 판단들〉 양식이 준비되어 있습니다. 이 양식은 당신의 고통스럽고 슬픈 이야기들을 종이에 쓰도록 도와줍니다. 당신이 글로 적은 당신의 판단들은 '작업'에 사용될 재료입니다. 우리는 당신의 대답에 하나하나 순서대로 네 가지 질문을 할 것이며, 이 질문들은 당신을 당신 내면의 진실로 안내할 것입니다. 〈타인에 대한 당신의 판단들〉 양식에 맞춰 예를 들어 설명해보겠습니다.

1. 당신을 화나게 하거나 슬프게 하거나 실망시키는 사람은 누구인가요? 당신은 그 사람의 어떤 점이 마음에 들지 않나요?
  나는 그가 마음에 들지 않아. 그는 내 말을 귀 기울여 들으려고 하지 않아.

2. 당신은 그 사람이 어떻게 변하기를 바라나요? 그 사람이 당신에게 어떻게 해주기를 바라나요?

나는 그가 내게 충분한 관심과 사랑을 주었으면 좋겠어. 그리고 내가 싫어하는 말투나 방식으로 말하지 않았으면 좋겠어. 내 이야기를 진심으로 끝까지 들어줬으면 좋겠어.

3. 그 사람이 이렇게 했으면 좋겠는 것, 혹은 하지 말았으면 좋겠는 것은 무엇인가요?
그는 텔레비전 보는 시간을 줄여야 해. 그는 내게 사랑한다는 말을 좀 더 자주 해야 해. 그는 내 말을 무시하지 말아야 해. 내 의견을 따라줘야 해.

4. 당신은 그 사람에게 무엇을 바라나요? 당신이 행복해지기 위해서는 그 사람이 어떻게 해줘야 할까요?
내가 그 사람을 사랑하고 있다는 것을 그 사람도 가슴 깊이 알아줬으면 좋겠어. 그가 내 말에 귀 기울여주고, 날 이해해주면 얼마나 좋을까…. 그럼 난 행복할 텐데.

5. 당신은 그 사람을 어떻게 생각하나요? 그 사람에 대한 생각을 목록으로 만들어보세요.
그는 무신경한 사람이야. 다른 사람을 배려할 줄 몰라. 그는 나를 위한 시간을 내지 않아. 그는 무책임해.

6. 당신은 그 사람과의 관계에 있어서 다시는 겪고 싶지 않은 경험이 있나요?

나는 그와 다투고 싶지 않아. 다시는 그의 거짓말에 속고 싶지 않아.

네 가지 질문과 인식의 전환

이처럼 타인에 대한 당신의 판단들에 쓴 대답들 하나하나에 네 가지 질문을 차례로 던져보십시오.

1. 그것이 사실인가요?
2. 그것이 사실이라는 것을, 당신은 절대적으로 확신할 수 있나요?
3. 그런 생각을 믿으면, 당신은 어떻게 반응하나요?
4. 그런 생각을 하지 않으면, 당신은 어떻게 될까요?

마지막으로, 당신의 생각들을 모두 뒤바꿔보는 인식의 전환 시간을 가져보십시오.

당신 자신에게 물음표를 던져놓고, 조용히 앉아 답을 기다리십시오. 내면 깊은 곳에서 답이 떠오를 때까지 기다리십시오.

1. 그것이 사실인가요?

자신에게 물어보십시오. '그 사람이 내 말을 귀 기울여 듣지 않는다는 말은 진실인가?' 답이 당신 마음속에서 저절로 나올 때까지 고요히 기다리십시오. 그것이 진실이라고 느껴지면, 두 번째 질문으로 넘어가십시오. 그리고 만약 그것이 진실이 아니라고 느낀다면, 세 번째 질문으로 바로 가십시오.

2. 그것이 사실이라는 것을, 당신은 절대적으로 확신할 수 있나요?

이 질문은, 당신 내면으로 들어가 당신의 생각이 정말로 진실인지 알 수 있는 두 번째 기회입니다. '그 사람이 내 말을 귀 기울여 듣지 않는다는 말이 진실인지, 내가 정말 알 수 있는가? 나는 다른 사람이 내 말에 귀 기울여 듣고 있는지 늘 확신할 수 있는가? 때로는 나도 듣고 있는 것처럼 행동하지만 사실은 다른 생각을 하고 있지는 않은가?'

3. 그런 생각을 믿으면, 당신은 어떻게 반응하나요?

'그 사람은 내 말을 귀 기울여 듣지 않아.'라는 생각을 떠올릴 때 당신이 어떻게 반응하고, 그 사람은 어떻게 반응하는지 생각해보십시오. 그리고 목록을 적어보십시오. '나는 그를 노려본다. 그의 말을 가로챈다. 그에게 화를 낸다. 그가 하는 말을 무시함으로써 그에게 복수한다.'

당신은 누구보다 지혜롭다

당신은 그 사람을 어떻게 대하고 있나요? 당신 스스로를 어떻게 대하고 있나요? 당신 내면 속에서 무슨 일이 일어나고 있나요? 당신의 생각이 가져오는 모든 결과들에 대해 주의를 기울여보십시오. '나는 마음의 문을 닫는다. 나는 스스로 고립된다. 나는 울다 지쳐서 텔레비전을 멍하니 본다. 나는 외로워진다.' 당신의 이러한 생각과 결과들이 당신 인생에 스트레스를 가져다줄지 평화를 가져다줄지 스스로 물어보십시오.

4. 그런 생각을 하지 않으면, 당신은 어떻게 될까요?
'그 사람은 내 말을 귀 기울여 듣지 않아.'라는 생각을 믿지 않는 당신은 어떤 존재가 될지 곰곰이 생각해보십시오. 선입견 없이, 담담하게 그 사람을 바라보고 있는 당신을 상상해보십시오. 충분한 시간을 가지십시오. 어떤 그림이 펼쳐지나요? 무엇이 보이나요? 어떻게 느껴지나요?

네 가지 질문을 통해 자신의 생각들에 대한 흔적을 더듬어보았다면, 이제 그 판단들을 뒤바꿔보는 인식의 전환 시간을 가지십시오. 인식의 전환은 당신이 지금까지 진실이라고 믿어왔던 생각들과는 정반대의 경험을 제공합니다.
'나는 그가 마음에 들지 않아. 왜냐하면 그는 내 말을 귀 기울여 듣지 않기 때문이야.' 이 처음 진술을 뒤바꾸면, '나는 내가 마음에 들지 않아, 왜냐하면 나는 그의 말을 귀 기울여 듣지 않기 때문이야.'가 될 수 있습니다. 이 말이 진실인가요? 당신의 말에 귀 기울이지 않는 그 사람에 대해 생각하는 동안, 당신은 그의 말에 귀 기울이고 있었나요?

인식의 전환을 가져올 수 있는 또 하나의 방법은, '나는 내가 마음에 들지 않아. 왜냐하면 나는 내 말을 귀 기울여 듣지 않기 때문이야.'라고 생각해보는 것입니다. 당신이 그 사람과의 일에 대해 생각하고 있을 때, 당신은 당신 내면의 소리를 귀 기울여 듣고 있었나요? 그 사람이 당신의 말에 귀 기울여야 한다고 믿는 동안, 정작 당신 자신은 자신의 삶을 뒷전으로 미루지는 않았나요?

인식의 전환으로 창조적인 사람이 되십시오. 인식의 전환은 타인을 통해 자기 자신을 되돌아보게 만듭니다. 그 사람이 불친절하다고 느끼는 순간, 사실은 나의 불친절이 원인을 제공했음을 알아차릴 수 있을지도 모릅니다. 그 사람이 거만하다고 느끼는 순간, 사실은 나의 거만함에 대한 반사작용일 수 있음을 인정하게 될지도 모릅니다.

이제, 내면으로 들어가십시오.

이처럼, 당신이 〈타인에 대한 당신의 판단들〉 양식에 맞춰 쓴 대답들에 대해 차례차례 정해진 질문을 계속해나가십시오. 당신을 괴롭히는 생각에 대해 물음표를 제기하면, 그동안 당신을 괴롭혀왔던 모든 것들이 당신의 오해에서 비롯되었다는 사실을 알아차리게 됩니다. 당신이 믿고 있는 것이 반드시 그렇지만은 않다는 사실을 깨닫게 되고, 그럼으로써 당신은 자유의 날개를, 행복의 날개를 달게 됩니다.

나는 그를
사랑하는가,
내가
지어낸
이야기를
사랑하는가

사랑과 섹스,
관계로부터
자유로워지기

PART *1*

사랑과 욕망의 차이

내 곁에 나타난 것은 무엇이든 배제하지 않아야 합니다. 그것이 사랑입니다. 사랑은 그 무엇과도 함께합니다. 고통과 악몽도 피하지 않습니다. 부끄러움과 나약함도 피하지 않습니다. 모든 것을 기다리고 온전히 받아들이는 것이 사랑입니다.

사랑은 말합니다.
"조건 없이 당신을 사랑합니다."
사랑은 말합니다.
"당신은 지금 이대로가 좋습니다."

이런 사랑만이 우리를 치유할 수 있습니다. 이런 사랑만이 우리가 하나 될 수 있는 유일한 길입니다. 그 사람이 지금과는 달라져야 한다고 생각한다면, 당신은 그를 사랑하는 것이 아닙니다. 그를 변화시켜야 한다고 생각한다면, 당신은 당신 마음대로 주물러서 만들어놓은, 당신 마음속의 그를 사랑하는 것입니다. 당신이 만들어놓은 그 이미지와 그가 부합할 때까지, 그는 일회용품일 뿐입니다.

무언가를 원하고 갈망하는 것은 사랑이 아닙니다. 사랑은 어떤 것도 구하지 않습니다. 사랑은 그 자체로 완전합니다. 더하고 뺄 필요가 없습니다. 사랑은 아무것도 부족하지 않고, 아무것도 필요하지 않으며, 상대방을 구속하지도 않습니다. 그러니 누군가를 사랑하고, 그 보답으로 그 사람으로부터 사랑받고 싶다고 생각한다면, 그건 사랑이 아닙니다. 사랑이라고 이름 붙이지 마십시오. 그건 사랑이 아닌 당신의 다른 욕망일 뿐입니다.

생각에 물음표를 제기하면, 우리와 함께하는 사람들이야말로 우리의 위대한 스승임을 알 수 있습니다. 그들이 살아 있는 사람이든 죽은 사람이든 당신과 헤어져 관계가 좋지 않은 사람이든 상관없습니다. 그들은 당신에게 가르침을 주기 위해 보내진 완벽한 교사입니다. 깊이 따져보면 볼수록 그것을 선연하게 깨닫게 됩니다.

우주가 하는 일에는 실수가 없습니다. 그러니 당신의 친구와 연인과 가족이 화를 내더라도 섭섭해하지 마십시오. 당신의 눈에 그들의 흠집이 두드러져 보여도 속상해하지 마십시오. 그 흠은 우리의 흠입니다. 그 흠을 마음속으로 그려보고, 종이 위에 적어보고, 깊이 들여다보면, 거기에서 해방될 수 있습니다.

성자를 찾아 여행을 떠나는 사람들도 있지만, 굳이 그럴 필요가 없습니다. 우리와 함께 살고 있는 사람들 모두가 성자입니다. 그들은 당신이 자유로워지는 데 필요한 모든 것을 당신에게 줄 수 있습니다.

연인에게 화가 나면 나 역시 고통스럽습니다. 마음이 편치 않습니다. 어느 한 구석이 영 불편하고 스스로도 잘했다는 생각이 들지 않습니다. 하지만 이해하려는 마음가짐으로 연인을 대하고 나면 마음이 편해집니다.

마찬가지로 당신에게 어떤 생각이 떠오를 때, 그 생각을 이해심을 가지고 대하면 어떨까요? 내가 내 생각을 이해해줄 수 있을 때, 우리는 다른 사람에 대해서도 이해할 수 있습니다. 이해심을 가지고 당신의 생각을 만나십시오. 이해와 사랑만이 유일한 치료제입니다.

⸻

'왜 그이는 날 이해하지 못하는 거야?'라고 속상해하지만, 원망한다고 해서 현실이 달라지지는 않습니다. 불행은 거기에서 시작됩니다. 연인을 이해시키기 위해 당신이 무슨 일을 한다고 해도, 그는 결국 자신의 방식대로 이해할 것입니다. 그가 당신을 이해한다고 해서 당신에게 돌아오는 것이 무엇인가요? 당신이 꾸며낸 이야기가 사실임을 확인받고 싶은 건가요?

그가 이해한다고 말할지도 모릅니다. 하지만 그 이해의 대상은 당신이 아닙니다. 당신은 그의 이해를 위해 이야기를 꾸며냈고, 그가 이해한 것은 당신이 지어낸 이야기일 뿐입니다. 그러니 아무리 좋게 생각해도 당신을 이해하고 있는 것이 아닙니다.

우리는 상대방이 하는 말을 듣지 않습니다. 우리가 듣는 것은, 상대방의 발언에 대한 우리의 생각일 뿐입니다. 우리는 상대방이 하는 말에 우리의 이야기를 덧입힙니다. 그것이 바로 우리가 이해하는 방식입니다. 그러니 누군가를 벌하고 싶다면, 벌해야 할 대상은 그 누군가가 아니라 그 누군가에 대한 우리 자신의 생각이어야 합니다.

타인이 당신에게 저지른 잘못에 대해, 그렇게 된 데에는 당신 자신에게도 책임이 있다는 사실을 알게 된다면, 그것은 달콤한 책임입니다. 당신은 한없이 겸허해져서 당신 자신을 방어할 모든 무기를 기꺼이 내려놓습니다. 변명할 생각도, 비난을 피할 생각도 없습니다. 그저 모든 것을 감수할 각오가 되어 있습니다. 세상에서 가장 연약한 존재가 되지만 그 사실조차도 감사하게 받아들입니다. 가장 낮은 자리에서 자기 존재를 어루만지며 행복으로 여기는, '사랑의 주인공'이 되는 것입니다.

다른 사람을 사랑하지 않을 때는 그 상황 자체가 상처로 다가옵니다. 왜냐하면 사랑이야말로 바로 당신 자신이기 때문입니다. 하지만 사랑은 억지로 되는 일이 아닙니다. 애를 쓴다고 해서 누군가를 사랑하게 되지는 않습니다. 그러나 우리 자신을 사랑하게 되면, 다른 사람도 저절로 사랑하게 됩니다. 자기 안에 '사랑의 샘'이 존재하면 '사랑의 샘물'이 넘쳐날 수밖에 없습니다. 억지로 사랑할 수 없는 것처럼, 억지로 사랑하지 않을 방법도 없습니다. 우리 앞에 나타난 모든 것이 우리 자신의 모습이 투영된 것이기 때문입니다.

내 사랑은 내 일일 뿐, 상대방과는 아무런 관련이 없습니다. 우리 모두는 사랑한다고 하면서 상대방에 대한 이야기를 꾸며내기 일쑤이고, 상대방을 사랑하는 것이 아니라 내가 꾸며낸 '상대방에 대한 이야기'를 사랑합니다. 그러니 누가 나를 사랑한다고 해도 그 사랑의 대상은 진정한 나와는 아무런 상관이 없습니다. 서로가 자기 식으로 이야기를 지어내면서 자기 식으로 상대를 바라보고 맛보고 느낍니다. 나는 당신이 지어낸 이야기일 뿐, 더도 덜도 아닙니다. 진정한 나를 만난 사람은 아무도 없습니다. 어느 누구도 어느 누구를 제대로 만난 적이 없습니다.

나를 사랑하는 것은 당신과 상관없는 일입니다. 나를 사랑하는 일은 당신이 할 일이 아니라 내가 해야 할 일입니다.

원하는 것은 내 안에 있다

세상에 잘못된 일은 없습니다. 내게 닥치는 일은 모두가 내게 필요한 일입니다. 그런 사실을 깨닫게 된다면, 삶은 천국이 됩니다. 모든 것은 이미 완벽하게 준비되어 있습니다. 필요한 것은 모두 주어집니다. 아니, 그 이상으로 주어지고 있습니다. 당신이 깨닫지 못할 뿐입니다.

나는 그를 사랑하는가, 내가 지어낸 이야기를 사랑하는가 다른 사람이 당신을 이해해주기를 바란다면 당신부터 스스로를 이해해야 합니다. 자신을 이해하기 위해서는 온 시간을 다 바쳐야 합니다. 당신의 생각에 물음표를 제기하고, 당신의 욕망이 당신을 어떻게 물들이고 있는지를 알아차린다면, 더 이상 다른 사람에 대한 어떤 판단도 하지 않게 됩니다.

'작업'을 통해 당신 자신이 원하는 것을 정확히 알게 되면, 당신은 어떤 결정도 내릴 필요가 없습니다. 상대방을 들들 볶아 당신을 이해하도록 만들겠다는 생각 따위는 하지 않게 됩니다. 그 사람이 당신을 이해하는 것이 당신과는 전혀 상관없는 일이라는 사실을 깨닫게 되기 때문입니다.

사랑을 거절당한 적 있나요? 그리고 당신이 거절당한 이유가, 그가 세워둔 믿음 체계와 기준에 당신이 부합되지 않았기 때문이었나요? 그렇다면 그 일은 당신이 상관할 일이 아닙니다. 그 일은 당신이 사랑받을 만한 자격이 있는지의 여부와는 아무런 상관이 없습니다. 당신이 그의 믿음 체계와 기준마저 좌지우지하려 한다면 그것은 지나친 자만심일 뿐입니다. 당신이 아무 생각 없이 그를 향해 손을 움직일 때, 그가 그 동작을 특별한 의미로 받아들이고 움츠린다면, 그 일이 당신과 무슨 상관일까요? 당신의 행동에 별다른 뜻이 없었는데도 상대방이 오해를 했다면, 그 반응에까지 일일이 신경 쓸 필요가 있을까요?

그가 당신을 거부하고, 그런 그의 행동에 질려서 당신이 그에 대한 사랑을 거둬들인다면, 당신은 당신 스스로 상처를 입은 것이지 그가 당신에게 상처 준 것이 아닙니다. 당신이 마음속으로 그를 향해 '나한테 이러지 말아요.'라고 소리 없는 아우성을 쳤다면, 그것이 고통의 시작입니다. 그가 당신을 거부해서 생긴 고통이 아니라, 당신이 자신에게 소리를 질러서 생긴 고통입니다.

이미 일어난 현실을 놓고 다투면, 당신은 어김없이 지게 되어 있습니다.

―

누군가를 즐겁게 해주기 위해, 더 큰 영향력을 행사하기 위해, 누군가의 마음을 얻기 위해, 그들을 컨트롤하기 위해 어떤 말이나 행동을 한 적이 있습니까? 그렇다면 그것은 두려움에서 비롯된 것입니다. 그리고 그 두려움은 고통을 낳습니다. 상대방을 조종하려는 마음은 '나와 당신은 별개'라는 생각에서 나오고, 이런 분열된 마음은 고통을 가져다줍니다.

누군가가 나를 온전히 사랑한다고 해도, 분열된 마음으로는 그것을 알아차릴 수가 없습니다. 두려움으로 자기를 방어하기에 급급한 사람은 사랑을 받아들이지 못합니다. 사랑을 차지하지 못할까봐 두려워하는 마음과, 사랑을 위해 무언가를 해야 한다는 생각에 사로잡혀 있기 때문에 사랑을 받아들일 여유를 잃어버립니다. 그런 강박관념은 사람들과 나 사이의 거리를 더욱 멀게 만듭니다.

∽

갈등은 늘 안과 밖이 다른 데서 비롯됩니다. 안과 밖을 달리하려고 할수록 마음이 불편해지고, 마음이 불편하면 몸이 병듭니다. 굳이 그럴 필요가 없습니다. 단순한 것이 최상인 경우가 더 많습니다.

진실과 가까이, 좀 더 가까이

어떤 생각 때문에 상처를 받는다면, 그것은 그 생각이 진실이 아니라는 신호입니다.

∽

연인의 결점이라고 생각하는 점도 음미해보면 감사해야 할 일입니다. 감사하지 못한다면 당신은 결국 분노에 자기를 팔아버리고 무릎 꿇게 됩니다. 혹은 조금도 나아질 기미가 없다고 절망하거나, 연인과의 관계를 정신적으로 공격하게 됩니다.

 그런 태도에 물음표를 제기해보십시오. 변화가 생길 것입니다. 당신의 생각에 의문을 품어보면 당신은 성장하고 또 성장하여 한계 없는 사랑을 경험할 것입니다. 그 사랑 속에서라면 연인도 당신을 따르고, 세상도 당신에게 미소를 보낼 것입니다.

       ✦

 현실은 늘 완벽하게 펼쳐집니다. 일어나는 모든 일이 다 좋은 일입니다. 오는 사람은 오는 대로 환영하고, 떠나는 사람은 미련 없이 보내주면 그만입니다. 다툴 필요가 없습니다. 누군가에게 가까이 가지 말아야 할 이유도 없고, 멀어져야 할 특별한 이유도 없습니다. 이렇다 저렇다 판단을 내리는 순간 그만큼 내 자유의 넓이가 줄어듭니다. 언제나 그렇습니다. 그러니 일이 되어가는 대로 놓아두는 것이 좋습니다. 저절로 결정이 내려지고, 그저 그 결정을 따르기만 하면 됩니다. 그렇게 내려진 결정은 늘 내가 기대했던 것보다 오히려 더 만족스럽습니다.

 섭리가 하는 일에는 늘 '감사'하지 않을 수 없습니다. 이렇게 살아 숨 쉰다는 것에 감사합니다. 나를 향해 들어오는 은혜를 멈추기 위해 내가 할 수 있는 일은 아무것도 없습니다. 그저 감사하게 받아들일 뿐입니다.

타인에게 인정받으려고 노력하지 않으면, 나는 늘 내 자신과 하늘로부터 인정받는 존재가 됩니다.

 누군가 다른 사람의 인정을 받기 위해 노력하는 모습을 보면, 나의 내면은 불편해집니다. 무엇보다도 자기 스스로를 인정하고 사랑하는 것이 중요합니다. 나는 당신을 사랑하기에, 당신 스스로가 충만한 삶을 살기를 바랍니다. 그것이 내가 바라는 바입니다. 사랑은 어떤 것도 바꾸려고 하지 않습니다. 사랑은 그 자체로 모든 것을 가지고 있기 때문입니다. 사랑은 자신이 원하는 모든 것입니다. 더하고 뺄 것이 없습니다.

 당신이 연인에게 사랑한다고 말하는 것이 그와 무슨 상관이 있을까요? 당신은 단지 당신 자신의 상태에 대해 말하고 있을 뿐입니다. 당신은 그가 얼마나 매력적이고 잘생겼으며 섹시한지 이야기를 지어내고, 그 이야기를 사랑합니다. 그는 그가 아니라 당신이 지어낸 이야기입니다. 그 이야기를 사랑할 수 있는 동안에는 아무 문제가 없습니다. 하지만 당신 연인이 당신 마음에 들지 않으면, 당신은 그가 얼마나 천박하고 폭력적이며 이기적인지 이야기를 지어냅니다. 하지만 그렇게 지어낸 이야기가 그와 무슨 상관이 있겠습니까?

연인이 나를 향해 "당신을 만난 건 정말 행운이야."라고 말하면, 나는 기분이 좋습니다. 그가 나를 자신의 달콤한 꿈으로 생각한다니 얼마나 기분 좋고 행복한 일입니까. 그런데 그가 나에게 "내 생애 가장 후회스런 일은 당신을 만난 것이었어."라고 말했다고 합시다. 그게 나와 무슨 상관이 있을까요? '아, 저 사람이 이번엔 슬픈 꿈을 꾸고 있군, 가엾은 사람.' 하고 생각할 것입니다. 빨리 악몽에서 깨어나길 바라겠지만, 그렇다고 그 일이 내 일은 아닙니다. 나와는 전혀 상관없는 일입니다.

나는 그를 사랑합니다. 그리고 그가 나에 대해 이렇고 저렇고 하는 말이 내가 보기에 사실이 아니라면, 나는 그에게 "내가 당신을 위해 무엇을 할 수 있나요?"라고 물어볼 것입니다. 그러고는 이렇게 말할 것입니다. "할 수 있는 일이라면 하겠어요. 하지만 나에게 그 일이 진실과 먼 일이라면, 하지 않겠어요."

결국 그의 문제는 그가 지어낸 이야기의 문제일 뿐입니다.

사랑은 우리가 선택할 수 있는 것이 아닙니다.
사랑은 움직일 수 없는 진실입니다.

거울 속에 비친 사람은 누구인가?

연인이나 배우자에게 늘상 하는 잔소리는 모두가 다 당신 자신이 들어야 할 말입니다.

∽

당신의 배우자는 당신의 거울입니다. 배우자는 당신을 위해 존재하는 사람이 아닙니다. 당신의 '생각' 혹은 '지어내는 이야기'를 위해 존재하는 경우는 있을지 몰라도 말입니다.

당신은 배우자를 보고 있다고 생각하겠지만, 궁극적으로는 그에게 비친 당신 자신을 보고 있는 것입니다. 당신의 배우자가 당신을 비추는 거울이라는 사실을 인정하지 못하면, 당신만 괴롭습니다. 당신은 배우자를 보고 있는 것이 아니라, 배우자가 어떤 사람이라는 당신의 '믿음'을 볼 뿐입니다. 그러니 어떤 식으로든 배우자에게 결함이 있다고 생각한다면, 그 결함은 곧 당신 자신의 결함이라고 생각하십시오. 당신의 결함이 배우자에게 비춰 보이는 것일 뿐이기 때문입니다.

∽

다른 사람에게 실망할 필요도 없고, 다른 사람들 또한 당신에게 실망할 필요가 없습니다. 우리는 연인이 자신이 바라는 만큼

해주지 않는다고 제품에 실망하곤 합니다. 하지만 그것은 그 사람에 대한 당신의 기대에 실망한 것이니, 당신 자신에게 실망한 것입니다. 연인에게 무언가를 기대하고 그가 그것을 들어주지 않는다면, 그것이 현실입니다. 그것은 당신에게 달린 문제입니다. 문제는 언제나 당신 자신입니다.

∽

내 남편이 "여보, 나가지 말아요. 당신이 사람들과 어울리는 것이 싫어. 사람들에게 당신을 빼앗기고 싶지 않아."라고 말한다면, 나는 이렇게 말할 겁니다. "고마워요, 여보. 나는 당신이 왜 그러는지 이해해요. 하지만 지금은 사람들을 만나러 갈 거예요."

나는 남편의 마음을 이해합니다. 남편도 저를 이해합니다. 나를 사람들에게 빼앗기고 싶지 않다는 남편의 마음을 이해하지만, 나는 사람들을 만나러 가야 합니다. 나는 그에게 온전한 진실을 말할 것입니다. 오직 진실만을 말할 것입니다. 사람들을 만나러 가야 하는 것도 진실이지만, 남편을 사랑하는 것도 진실입니다. 어느 쪽도 포기할 수 없습니다. 나는 남편을 사랑하지만, 사람들 또한 사랑합니다. 하지만 남편의 인정을 받고 싶어서 그의 뜻에 따르려고 한다면, 그것은 다른 이야기가 될 것입니다. 그리고 나는 그렇게 살고 싶지 않습니다.

나는 무엇보다도 '나의' 인정을 받고 싶습니다. 스스로에게 인정받는 일에 관심 없다면, 그것은 내면의 나에게 정직하지 못한 행동입니다. 그러면 평화도 없을 것입니다. 남편의 인정이나 사랑이 필요하다고 생각하면, 분명 나는 나의 본성이 아닌 거짓된 모습으로 남편을 대할 것입니다. 그것은 남편에게 솔직하지 못한 것이고, 남편에게 불친절한 행위를 한 셈이 됩니다. 그리고 내가 남편에게 불친절하고 진실하지 않으면, 남편도 내게 불친절하고 진실하지 않을 것입니다.

분리 없는 사랑, 장벽 없는 사랑

사랑은 우리가 선택할 수 있는 것이 아닙니다. 사랑은 움직일 수 없는 진실입니다. 고통, 번뇌, 스트레스가 되는 생각들에 의문을 품어 당신의 마음이 비로소 깨끗해졌다면 사랑이 당신의 삶 속으로 쏟아져 들어옵니다. 그 사랑을 막을 수 있는 것은 아무것도 없습니다.

사랑은 아무것도 남기지 않습니다. 사랑은 철저히 내어줍니다. 우리의 고통은 사랑을 부정하는 데에서부터 시작됩니다. 우리는 빼앗길까봐 두려워합니다. 두려움이 없다면 누구에게든 주지 못할 것이 없습니다. 하지만 준비가 되지 않았다면 미리 줄 필요는 없습니다. 단지 여러분의 생각을 검토하고 '작업'을 하십시오. 이해심을 가지고 당신의 생각과 마주한다면, 잃을 것은 아무것도 없다는 사실을 알게 될 것입니다. 결국 두려워하며 보호해야 할 것은 아무것도 없습니다. 그러면 당신이 가진 모든 것을 주는 것도 당신이 가진 하나의 특권이라는 사실을 깨닫게 됩니다.

∽

사랑을 원한다고 해도 우리는 사랑을 가질 수 없습니다. 우리 자신이 곧 '사랑'입니다. 다른 사람에게서 사랑을 구하면, 우리는 우리 자신이 곧 사랑이라는 사실을 알 수가 없습니다. 내 자신이 곧 '사랑'이라는 사실을 깨닫지 못한 채 다른 누군가를 사랑한다는 것은, 당신과 그 사랑의 대상을 분리시키고 있는 것입니다. 우리 자신이 곧 사랑이며, 거기에는 분리가 없습니다.

∽

삶이 늘 괴로운 이유는 무언가 부족한 것이 있다는 당신의 '생각' 때문입니다. 하지만 우리는 우리에게 필요한 것을 언제나 가지고 있습니다. 그것이 현실입니다.

사람들은 관계 속에서 행복을 찾곤 하지만, 사실은 다른 사람이나 다른 곳 어디에도 행복은 없습니다.

'관계'는 양쪽의 두 믿음 체계가 만나, 저 밖 어딘가에 행복이 존재한다는 것을 확인하고 합리화시키는 과정입니다.

그리고 상대방과 공유하고 있던 그 믿음 체계를 벗어난다는 것은, 상대방을 잃는 것을 의미합니다. 왜냐하면 그 믿음이 당신과 그의 관계를 유지시켜 주는 끈이었기 때문입니다. 따라서 당신이 성장하고 앞으로 나아가는 것은, 상대방을 낡은 믿음 체계 속에 남겨둔 채 떠나는 일입니다. 그때 당신은 상대방과 분리되었다는 생각으로 괴로워하게 됩니다.

이것이 당신이 가진 '믿음과 관계'의 허상입니다.

어느 날 내 딸 록산에게 전화가 왔습니다. 손자의 생일 파티에 와달라는 내용이었습니다. 마침 그날은 다른 도시에 가야 할 일이 있었습니다. 그 아이는 마음이 상해서 화를 내며 전화를 끊었습니다. 10분쯤 후, 다시 전화벨이 울렸습니다. 그 아이가 말했습니다.

"너무 재미있어요, 엄마. 방금 엄마에게 '작업'을 걸었거든요. 엄마는 엄마를 향한 내 사랑을 막지 못하실걸요."

'작업'이란 이런 것입니다. 누군가 당신을 사랑하는 것을 막기 위해 당신이 할 수 있는 일은 아무것도 없습니다. 그리고 당신이 누군가를 사랑하는 것을 막기 위해 그 사람이 할 수 있는 일은 아무것도 없습니다. 그것은 당신의 본질에 관한 문제이기 때문입니다.

우리가 곧 사랑입니다. 그것은 우리가 어떻게 해볼 수 없는 기정사실입니다. 사랑이 우리의 본성입니다. 이야기를 지어낼 필요가 없습니다. 있는 그대로의 우리 자신을 알아차리면, 멀리 누군가에게 찾을 필요 없이 '사랑'으로 충만합니다.

우리가 지어낸 이야기들

사실 냉정하게 말해서 당신은 어느 누구도 완전하게 사랑할 수 없습니다. 당신은 그들에 관해 당신이 지어낸 이야기를 사랑할 뿐입니다.

누군가 당신을 이해하고 동정해주기를 바라나요? 그럴 때 당신은 그 누군가를 당신의 이야기책에 끌어들이지 않나요?

그러고는 당신, 늘 상처받지 않았나요?

'관계'란 마음이 맞는 두 사람이 존재한다는 것을 의미합니다. 각자가 쓴 이야기를 서로 좋아하는 두 사람 말입니다. 우리는 그것을 '사랑'이라고 부릅니다. 그러고는 자신의 정체성을 담고 있는 신성한 이야기에 상대방이 동의하지 않을 때, 우리는 그에게 결별을 선언합니다.

누군가 나를 가리켜 쌀쌀맞다고 말하면, 나는 남편에게 달려가 말합니다.

"여보, 아무개가 나더러 쌀쌀맞대요."

그러면 남편은 나를 안아주고 내 볼을 쓰다듬으며 말합니다.

"누가 그래요? 당신이 얼마나 따뜻한 사람인데."

그러면 굳이 내부로 들어가 나 자신을 비판할 필요가 없어집니다. 나에게는 내 편이 되어 싸워줄 동맹군이 있고, 나는 이렇게 마음이 맞는 것을 가리켜 '사랑'이라고 부릅니다.

하지만 내가 집에 가서 "여보, 아무개가 나더러 쌀쌀맞대요."라고 말할 때, 남편이 "당신도 가끔 쌀쌀맞을 때가 있어요. 그건 좀 고쳐야 해요."라고 말하면, 나는 상처받고 화를 냅니다. 남편이 맞장구를 쳐주기를 바랐는데, 기대에 어긋났기 때문입니다. 그러면 나는 아마도 내 말에 맞장구를 쳐줄 친구를 찾아서 집을 나설 것입니다. 하지만 아무리 수다를 떨어도 결국엔 괴로워집니다.

그러니 그런 방식을 버리고 자신의 내면으로 들어가 나 스스로를 해방시켜야 합니다. 내 남편이, 내 친구가 나를 자유롭게 해줄 수는 없습니다. 나 자신만이 할 수 있습니다.

─

우리가 흔히 말하는 '사랑'은 서로 마음이 맞아 동의하는 것, 그 이상의 것이 아닙니다. 내 마음이 당신의 마음과 맞으면, 당신은 나를 사랑합니다. 내 마음이 당신의 마음과 맞지 않는 순간, 그리고 내가 당신의 신성한 믿음에 조금이라도 의문을 갖는 순간, 나는 당신의 적이 됩니다. 당신은 마음속으로 나와 헤어집니다. 그런 다음 당신은 자신이 옳다는 것을 입증할 갖가지 이유를 찾기 시작합니다.

당신은 자신 내면이 아닌 외부에 초점을 맞춥니다. 그리고 다른 누군가에게 핑곗거리를 찾습니다. 당신이 지어낸 이야기에 대해서는 전혀 생각하지 못합니다. 그러면 당신은 당신이 지어낸 이야기에 희생되어, 상황을 나아지게 할 희망마저 잃어버립니다. 자기 자신의 희생양이 되어서, 한 줌의 희망마저 찾을 길이 없게 되는 것입니다.

누군가 당신을 사랑해야만 한다고 생각할 때, 고통이 시작됩니다. 나는 가끔 이렇게 기도합니다.

"신이시여, 사랑받고 싶은 욕망, 인정받고 싶은 욕망, 존중받고 싶은 욕망에서 저를 자유롭게 해주소서. 아멘."

사람들의 사랑과 인정을 구한다는 것은, 당신이 완전하지 않다는 것을 스스로 인정하는 일입니다.

❦

가장 의미 있는 관계는 당신 자신과의 관계, 이것뿐입니다. 자신을 사랑하게 되면, 함께 있는 사람을 변함없이 사랑할 수 있습니다. 하지만 자신을 사랑하지 못하는 사람은 누구와 함께 있어도 마음이 편하지 않습니다. 그들이 당신의 믿음 체계를 시험할 테니까요.

당신이 자신의 믿음에 스스로 물음표를 던져 '작업'을 하기 전까지, 당신은 그 믿음을 지키려고 전쟁을 벌일 것입니다. 그런 관계가 너무나 많습니다. 사람들은 서로 상대방의 믿음 체계를 흩뜨리지 않겠다고 암암리에 약속을 하고 살아갑니다. 하지만 그것은 말할 나위도 없이, 불가능한 일입니다.

다른 사람들의 사랑이 필요하다는 생각이 들면, 당신은 어떻게 합니까? 남들에게 인정받으려고 전전긍긍하나요? 인정받지 못할까봐 두려워서 가식적으로 행동하나요? 남들이 나에게 어떤 모습을 바라고 있는지 궁금해하며 그들의 기대에 맞추려고 애를 쓰나요? 카멜레온처럼?

그렇다면 당신은 그들의 사랑을 얻을 수 없습니다. 당신이 아닌 사람이 되어 다른 사람에게 "사랑해."라는 말을 듣는다 할지라도 당신은 그 말을 믿어서는 안 됩니다. 그들은 당신이 만들어낸 모습을 사랑하는 것이니까요. 당신이 그런 척 흉내를 내고 있는 사람을 사랑하는 것이니까요. 그들은 존재하지도 않은 누군가를 사랑하는 것이니까요.

다른 사람의 사랑을 구하는 것은 어려운 일입니다. 치명적인 일입니다. 나의 본성인 사랑을 무시한 채 다른 이들로부터 사랑을 구하는 동안에는, 자신의 진짜 모습을 잃어버리기 때문입니다. 우리가 이미 갖고 있는 것을 찾아 헤맬 때, 우리는 스스로 만든 감옥에 갇혀버리고 맙니다.

오직 나만이 할 수 있는 일

낭만적 사랑 이야기는, 반쪽인 우리가 다른 반쪽을 찾아서 마침내 온전해지게 된다는 이야기를 속삭입니다. 완전히 정신 나간 이야기입니다. 나를 완전하게 해줄 사람이란 필요치 않습니다. 그 사실을 깨닫는 순간, 모든 존재가 나를 완성시켜 줍니다.

～

당신을 낙원에서 추방시킨 사람은 바로 당신 자신입니다. 당신이 아담이어서 나머지 반쪽이 있어야 한다며 이브를 찾아 나선다면, 당신은 낙원에서 쫓겨날 수밖에 없습니다. 반쪽을 찾아 헤매는 대신 자신의 본성을 들여다봐야 합니다. 당신의 타고난 본성은 찾아 헤매지 않아도 얼마든지 경험하고 만날 수 있습니다. 당신의 본성은 스스로를 사랑할 수 있고, 나아가 분리감 없이 이브를 사랑할 수 있습니다.

그러나 그녀에게서 무엇인가를 바란다면, 그녀의 사랑이나 인정이 필요하다고 생각한다면, 고통이 찾아옵니다. 당신 자신을 완성하는 일에 다른 사람이 필요한 경우는 단 한 가지뿐입니다. 당신 생각에 물음표를 제기하고 그 생각을 뒤집어볼 때, 그때에만 타인에 대한 당신의 판단이 필요합니다. 그때에만 다른 누군가가 필요합니다.

나는 그를 사랑하는가, 내가 지어낸 이야기를 사랑하는가 다른 사람으로부터 상처를 받는다거나 마음이 불편해진다는 것은 순전히 엄살입니다. 나 아닌 외부의 누구도 나에게 상처 줄 수는 없습니다. 있을 수 없는 일입니다. 상처를 받을 수 있다면 그것은 내가 상처를 받았다는 이야기를 믿을 때뿐입니다. 그러니 나에게 상처를 입힌 사람은, 내가 생각하는 것을 믿음으로써 나에게 상처를 입힌 '나 자신'입니다. 이것은 매우 다행스러운 일입니다. 왜냐하면 나를 다치지 않도록 하기 위해 다른 누군가를 제지해야 할 필요가 없으니까요. 나를 상처 입히지 못하게 할 수 있는 사람은 나 자신뿐입니다. 파워 스위치는 나 자신이 지니고 있습니다.

당신이 지금껏 겪은 최악의 손실은, 곧 당신 자신이 받을 수 있는 가장 큰 선물입니다.

어떤 생각을 믿게 되면, 우리는 그 믿음을 우리의 남편에게, 아내에게, 연인에게, 자녀에게 전이시키려 합니다. 그들로부터 원하는 반응을 얻지 못하거나, 우리의 믿음이 위협받게 되면, 우리는 우리의 생각을 그들에게 강요합니다. 우리 스스로 자신의 생각에 의문을 제기하고 뒤집어보는 '작업'을 하기 전까지는 말입니다.

이것은 그럴 것이라는 추측이 아니라, 우리의 실상입니다. 우리는 사람들에게 집착하는 것이 아니라, 우리의 고정관념에 집착합니다.

'사람들이 나에게 관심을 가져야 한다.'는 이야기를 지어내지 않는다면, 당신은 사람들 속에서 어떤 존재가 될까요? 사랑 그 자체일 것입니다. 사람들이 당신에게 관심을 가져야 한다고 믿을 때, 당신은 다른 사람은 물론 당신 자신까지도 돌볼 수가 없습니다.

사랑은 '저 밖'에서 오지 않습니다. 사랑은 당신의 내면에서만 우러나옵니다. 어떻게 알 수 있냐고요? 사실이 그렇습니다.

어떤 남자와 사막을 걷고 있을 때, 그가 뇌일혈 증세를 보이기 시작했습니다. 우리는 사막 한가운데에 주저앉았고, 그가 공포에 질려 소리쳤습니다.

"맙소사, 난 곧 죽을 거예요. 어떻게 좀 해보세요."

나는 그냥 그의 옆에 앉아서 사랑하는 마음으로 그의 눈을 들여다보았습니다. 전화든 차든 몇 마일은 더 가야 만날 수 있으리라는 것을 우리는 잘 알았습니다.

그가 말했습니다.

"당신은 걱정도 되지 않죠? 그렇죠?"

내가 말했습니다.

"그럼요. 저는 걱정이 안 돼요."

사실, 나는 그 모든 것을 하늘에 내맡겨놓고 있었기에 걱정 같은 것은 조금도 하지 않고 있었습니다. 그러자 그는 입술을 일그러뜨린 채 웃기 시작했습니다. 그런데 웃음을 터뜨리고 나자 놀라운 일이 벌어졌습니다. 몸의 기능이 되돌아온 것입니다. 뇌일혈은 그렇게 지나갔습니다. 아무런 해도 주지 않고요. 이것이 사랑의 힘입니다. 그를 돌보겠다는 이유로 그를 사막 한가운데에 놓아둔 채 차를 찾아, 전화를 찾아 떠났다면 어떻게 되었을까요?

있는 그대로 바라보라

왜 우리는 연인을 있는 그대로 바라보지 못할까요. 왜 우리는 그에게 '이런 사람이 되어야 해.'라고 강요할까요. 왜 우리는 그에게 '나에게 이렇게 해줘야 해.'라고 의무감을 지우는 것일까요.

연인에 대해 우리가 이야기를 지어내지 않는다면, 그에게 의무감의 족쇄를 채우지 않는다면, 그는 얼마나 자유로운 사람이 될 수 있을까요. 그리고 우리는 얼마나 행복하고 얼마나 큰 존재가 될 수 있을까요.

꿈

 우리가 사랑하는 사람에게 요구할 수 있는 것은 아무것도 없습니다. 하지만 우리는 우리가 믿는 생각 때문에 사랑하는 사람을 희생시키곤 합니다. 그렇게 사랑하는 사람을 저버리고, 헤어짐을 맞이하곤 합니다.
 내 연인은 이런 사람이어야 하고, 나에게 이런 것을 해주어야 하고…. 있는 그대로의 그가 아닌 다른 사람이 되어야 한다는 생각을 버리지 못합니다. 그런 기대를 채워주지 않으면 우리는 연인을 원망하고, 이별을 선언합니다.

꿈

 당신의 연인이 당신이 원하는 것을 해줄 때, 정말로 행복했나요? 행복했다면, 당신은 늘 그런 행복을 얻기 위해 계속해서 그를 조종하려 할 것입니다.
 하지만 조종하려 하지 말고, 감사하는 마음을 가져보십시오. 당신의 마음에 드는 행동을 할 때는 감사하고, 그렇지 않을 때는 스스로 그에게 그렇게 행동하면 됩니다.

자기 자신에게 충실해야 다른 사람에게도 충실할 수 있습니다.

자기 방어는 다툼으로 가는 첫 단추입니다. 연인이 나를 가리켜 마음에 안 든다고, 까다롭고 매정하고 이기적이고 비겁하고 게으르다고 불평하면, 우리는 이렇게 말할 수 있습니다.

"고마워요. 정말 나도 모르게 지금껏 그렇게 살았어요. 그 모든 것이 내 모습이에요. 아니, 더할지도 모르죠. 당신이 느낀 점을 전부 말해줘요. 당신이 도와주면 나 역시 나 자신을 잘 알 수 있을 거예요. 당신을 통해 나 자신을 알게 되곤 해요. 당신이 아니면 내가 나의 본모습을 어떻게 알 수 있겠어요. 그러니 하나도 숨기지 말고 나에게 얘기해줘요."

이렇게 해서 온전한 나의 편이 생깁니다. 이렇게 해서 우리는 우리의 본래 모습을 찾을 수 있습니다.

누군가 나에게 매정하다고 말하면, 그 순간이 바로 내면으로 들어가 내가 그동안 어떻게 살았는지 살펴볼 기회입니다. 내가 그동안 쌀쌀맞았나? 그동안 내가 이기적이었나? 내가 비겁한 사람이었나? 그것을 알아차리는 데에는 오랜 시간이 걸리지 않습니다.

그동안 살면서 나 자신도 알지 못했던 내 모습을 어떻게 타인이 발견할 수 있을까요?

 변명하고 싶고 방어하고 싶은 부분을 타인이 지적해준다면, 그것이야말로 내 안에 숨어 있던 보물상자라는 것을 깨달아야 합니다. 나의 내면 깊은 곳에 숨어서 누군가에 의해 발견되기만을 기다리고 있던 보물상자. 그 보물상자를 연인이, 친구가, 가족이 발견해준다면 자기 방어가 아닌 겸허하고 감사한 마음으로 받아들여야 합니다.

 어느 누구도 당신을 떠날 수 없습니다. 당신을 떠날 수 있는 사람은 오직 당신 자신뿐입니다. 연인이 어떤 다짐을 했든, 당신이 의지할 수 있는 곳은 당신이 한 다짐뿐입니다. 아무리 오랜 세월을 두고 맹세했다 해도, 그것은 단지 지금 이 순간을 위한 다짐일 뿐입니다. 누군가가 모든 것을 바쳐 영원히 당신을 사랑하겠노라고 다짐을 한다 해도, 당신은 결코 그 진실을 알 수 없습니다.

 '당신'이 있고 '그'가 있다고 믿는 한, 그것은 하나의 자아가 다른 자아에게 하는 약속에 지나지 않습니다. 자아는 어느 누구도 온전히 사랑하지 못합니다. 무언가를 갈구할 뿐, 사랑이 아닙니다.

∽

연인이 떠났습니다. 연인은 자신이 원하는 대로 떠났으니 그에게는 좋은 일이겠지만, 당신에겐 어떤 경험일까요?

당연히 당신에게도 좋은 일입니다. 연인이 떠났다고 해도 그것을 불행으로 여기지 않고 행복으로 여길 수 있다면, 그때에야 비로소 당신의 '작업'은 완결된 것입니다.

그를 위한 일이 곧 나를 위한 일이 되어야 비로소 당신은 온전해집니다.

한밤중에 몰려오는 두려움에 잔뜩 웅크리고 자다가 갑자기 어떤 생각에 잠이 깬다면, 그 생각을 반갑게 맞이하십시오. 그리고 그 생각이 어디에서 어떻게 비롯된 것인지 '작업'을 해보십시오. 그동안 당신과 당신의 연인이 어떻게 살아왔는지 반추해보십시오. 그의 마음을 붙잡기 위해 당신이 어떻게 했는지 떠올려보십시오. 그가 떠난 것은 잘된 일입니다. 덕분에 당신은 당신 자신이 진정 누구인지를 알 수 있게 될 것입니다.

∽

한번은 어떤 남자와 '작업'을 진행했습니다. 그의 아내는 다른 남자와 사랑에 빠졌습니다. 그는 슬픔과 배신감에 자신을 맡기지 않고 자신의 생각에 질문을 던졌습니다.

"아내가 나를 떠나서는 안 된다는 내 생각은 과연 맞는 생각인가? 나는 잘 모르겠다. 떠나서는 안 된다는 생각을 믿는다면, 나는 당연히 화가 나겠지. 완전히 돌아버릴지도 몰라. 그런 생각을 하지 않는다면, 나는 어떻게 바뀌게 될까? 진정으로 그녀를 사랑한다면, 나와는 상관없이 아내가 행복해지기를 바라게 될 거야."

이 남자는 정말로 진실을 알고 싶어 했습니다. 그래서 자신의 생각에 의문을 가짐으로써 매우 소중한 진실을 찾아냈습니다.

마침내 그는 말했습니다.

"일어나야만 할 일이 일어났다는 것을 알게 되었습니다. 그래서 아내에게 말할 수 있었습니다. '나를 당신의 가장 친한 여자 친구라고 생각하고 모든 것을 털어놔요.' 그럼으로써 아내는 내 마음을 다치지 않게 하기 위해 말을 고를 필요가 없었습니다. 아내가 겪은 일을 듣는 것은 굉장한 경험이었습니다. 아내 때문에 무척 기뻤습니다. 나는 그 어느 때보다도 마음이 해방되는 경험을 했습니다."

그의 아내는 다른 남자와 살겠다고 말했고, 그는 괜찮다고 동의해주었습니다. 아내가 원하지 않는데도 억지로 자신에게 묶어두고 싶지는 않았기 때문입니다. 몇 달 후, 새로운 애인과의 사이에 위기를 맞은 그녀는 마음을 털어놓을 사람이 절실했습니다. 그녀는 가장 친한 친구인 전 남편을 찾았습니다. 두 사람은 그녀의 미래를 차분하게 의논했습니다. 그는 아내를 진심으로 사랑했고, 그녀가 바라는 것을 해주고 싶었습니다. 그녀는 자신의 삶을 바로잡을 방법은 전 남편에게 다시 돌아오는 길뿐이라는 것을 깨달았고, 그들의 결혼생활은 그렇게 회복되었습니다.

이 모든 과정을 겪는 동안, 고통과 배신감과 두려움으로 마음속에서 전쟁을 치를 때마다, 그는 그 순간 자신을 사로잡고 있는 자신의 생각에 물음표를 던졌고, 결국 마음의 평정과 웃음을 되찾았습니다.

그는 자신에게 발생할 수 있는 유일한 문제는, 스스로 검증해보지 않은 자신의 생각뿐이라는 사실을 알게 되었습니다. 그의 아내는 그가 스스로 자유로워지는 데에 필요한 모든 것을 베푼 셈입니다.

언약이란 당신의 진실을 표출하는 말입니다. 그 이상도 그 이하도 아닙니다. 당신은 자기 자신의 진실을 담아 다짐합니다.

"나는 당신을 사랑하고 존경합니다. 당신에게 순종하겠습니다. 하지만 내 마음이 변할 수도 있습니다."

이런 다짐이라면, 더할 나위 없는 진실이며, 충분한 언약입니다.

나는 신, 즉 현실과 결혼했을 뿐입니다. 더 좋든, 더 나쁘든, 그곳이 내 언약의 현주소입니다. 어떤 특정한 사람에게 다짐한다는 것은 있을 수 없습니다. 그 사람도 내가 진실이 아닌 다른 방식으로 맹세하기를 바라지 않을 것입니다. 진실과 결혼하지 않는다면, 진정한 결혼은 존재하지 않습니다.

　고통이나 불행을 겪어보지 않은 사람이 어떻게 세상을 안다고 하겠습니까?
　진지하게 자신의 내면을 들여다봐야 합니다. 늘 웃기만 하고 늘 자유롭다면 언제 자신을 들여다볼 수 있을까요? 자신의 내면을 들여다보는 사람은, 더 이상 사람들의 마음을 억지로 조종하려 하지 않습니다. 사람의 마음을 내 마음대로 조종하려고 하는 건 터무니없는 짓입니다.
　"당신은 내 곁에 있어야만 해."
　"당신이 떠나면 난 불행해질 거야."
　어떻게든 상대의 마음을 움직여보려고 하는 이런 말들은 다 부질없습니다. 이 세상에 불행이 존재한다는 당신의 이야기에 상대가 동의하길 바라는 것일 뿐입니다.
　하지만 진실은 다릅니다. 진실은, 우리 모두의 진정한 본질은 '사랑'이라는 것입니다. 당신이 원하든 원하지 않든, 그 진실에는 변함이 없습니다. 다만, 당신이 진정한 사랑에서 멀어지고 관계에만 집착했기 때문에 상처를 받은 것뿐입니다.

나 스스로를 해방시키십시오.
내 연인이, 내 친구가 나를 자유롭게 해줄 수는 없습니다.
나 자신만이 나를 놓아줄 수 있습니다.

나는 나와 결혼했다

우리는 우리 자신과 사랑에 빠집니다. 그 사랑이야말로 있는 그대로의 유일한 사랑입니다. 나는 내 안에서 나와 결혼하고, 나 자신을 사랑합니다. 그리고 그 사랑을 모든 사람에게 투사합니다.

∽

나는 있는 그대로를 사랑합니다. 그밖의 어떤 것도 바라지 않습니다. 나는 지금 여기에서 당신과 함께 있고 싶어 한다는 것을 알 뿐입니다. 그걸 어떻게 알 수 있을까요? 지금 내가 여기에 당신과 함께 있기 때문에 알 수 있습니다.

우리 사랑은 계획된 적이 없습니다. 그저 그렇게 사랑이 펼쳐진 것입니다. 나는 당신을 온전하게 사랑합니다. 당신은 이 사랑에 참여하지 않아도 됩니다. "당신을 사랑합니다."라는 내 말에는 어떤 동기도 없습니다. 멋지지 않나요? 나는 당신을 온전히 사랑하지만, 당신이 가진 어떤 조건 때문이 아닙니다. 당신을 사랑하는 데에는 아무런 조건이 필요하지 않습니다. 당신은 당신을 향한 나의 이 사랑과는 아무런 관련이 없습니다. 당신에게 점점 가까이 다가가는 나의 사랑도 막을 수 없습니다.

연인에 대한 생각으로 스트레스에 시달리게 되면, 당신은 당신 자신을 잃어버리게 됩니다. 당신 자신과 헤어지게 되고, 결국 당신의 연인과도 헤어지게 됩니다. 남는 것은 상처뿐입니다.

　현실이 이렇게 돼야 한다 저렇게 돼야 한다는 어떤 믿음도 갖지 않을 때야 비로소 우리는 진실로 사랑에 빠진 것이며, 상처도 받지 않게 됩니다. 이것은 내 안의 문제입니다. 그 외에는 어떤 것도 문제되지 않습니다.

　동정심이란, 다른 사람의 고통을 함께 느끼는 것이라고들 합니다. 그럴듯한 이야기입니다. 하지만 당신이 고통스러울 때 다른 사람을 도울 수 있을까요, 아니면 모든 것이 명료하고 행복할 때 타인을 도울 수 있을까요? 누군가 상처받고 고통스러워할 때, 그 사람은 당신도 그렇게 마음이 아프길 바랄까요? 아닙니다. 오히려 당신이 진정으로 깨어 있어서 힘이 되어주길 바랄 것입니다.

　당신이 그들의 고통을 느낀다고 확신한다면, 어떻게 그들에게 도움이 될 수 있을까요?

　어떤 사람이 차에 치여 깔렸습니다. 당신은 공포에 사로잡힙니다. 그 사람이 당한 고통을 당신의 것처럼 느끼게 되면, 당신은 온몸이 마비되어 그 자리에서 꼼짝도 할 수가 없습니다.

　하지만 때로는 그처럼 다급한 상황에서 당신의 마음은 판단의 근거를 잃어버리고, 아무 생각 없이 행동이 앞서서 쏜살같이 달려가 차를 들어 올립니다. 느끼고 계획하고 생각할 시간도 없이 말입니다. 눈 깜짝할 사이에 불가능한 일이 벌어집니다. 이야기를 지어내는 일에 몰두하지 않으면, 우리의 존재는 새로운 차원으로 들어서서, 자기도 모르게 무거운 차량을 들어 올리는 기적을 발휘하게 됩니다. 본성에 몰두할 때 우리에겐 그런 에너지가 솟아납니다.

 사랑을 속삭이는 연인이 없다면, 그것은 지금의 당신에게는 그런 짝이 필요하지 않다는 뜻입니다. 당신에게 지금 다정한 연인이 있다면, 그것은 지금의 당신에게는 그런 짝이 필요하다는 뜻입니다. 이것은 당신이 어떻게 할 수 있는 일이 아닙니다. 당신 마음대로 되는 일이 아닙니다. 그리고 마음대로 되지 않는 편이 당신에게도 좋습니다. 그래야 당신은 자기 자신에게 무엇이든 줄 수 있을 테니까요.

 남자가 왜 필요합니까? 돈을 벌어다줄 사람이 필요한가요? 그게 사실인가요? 성인이 된 이후로 당신은 늘 나만의 연인이 필요하다고 생각했지만, 아직도 여전히 마음의 허기가 채워지지 않았나요? 당신의 허기를 채우기 위해서는 얼마나 많은 인연들이 있어야 할까요? 연인, 파트너, 배우자가 필요하지 않다는 이야기가 아닙니다. 당신 자신의 실상이 문제라는 것입니다. 당신의 내면으로 들어가서, 그것을 실제로 체험해보십시오.

'당신 자신'을 필요로 하십시오. 배우자를 구하든 구하지 않든, 그것은 사실 문제가 아닙니다. 진정한 마음의 허기는 사실, 당신 자신에 대한 허기일 뿐입니다. 당신 자신이 당신 자신을 채울 수 있을 뿐, 어느 누구도 당신을 대신하여 채워줄 수는 없습니다. 당신은 바로 당신 자신을 기다리고 있습니다.

'나 자신'을 필요로 하라

평생을 함께할 사랑을 찾아 헤매고 있습니까? 거울을 들여다 보십시오. 당신은 내내 당신 자신을 기다리고 있습니다.

연인에게 사랑받고 싶을 때, 당신은 연인을 어떻게 대하나요? 그가 당신을 사랑해주었으면, 세상의 누군가가 당신을 사랑해주었으면 하고 바라는 이유는 뭔가요?

'그가 나를 사랑해주었으면…' 하는 생각을 가진다면, 그 사랑은 사랑이 아닙니다. 그가 누구를 사랑하든, 상대방 역시 그 사람을 사랑해주기를 바라는 것, 그것이 진정한 사랑입니다. 그가 누구를 선택하든 그의 선택권은 존중되어야 합니다.

그의 사랑에 대한 지휘권은 그에게 주어져 있는 것이지, 나에게 주어져 있는 것이 아닙니다. 어쩔 수가 없습니다. 그렇다고 내가 바보인 것은 결코 아닙니다. 사람들은 상대방을 묶어두는 것을 사랑이라고 부르지만, 나는 '있는 그대로'를 사랑하고 싶습니다. 그것이 진정한 사랑의 즐거움 아닌가요? 그러니 그의 사랑이 어디를 향하든 그것은 내가 관여할 일이 아닙니다. 내가 할 수 있는 일은 있는 그대로의 그를 사랑하는 것입니다.

받는 것보다 주는 것이 행복하다면서 상대에게 억지로 주려고 한 적이 있습니까? 그 자리에 서서 온전히 받기만 하면, 당신은 어떻게 될까요?

받는 것이 곧 주는 것입니다. 받는 것이야말로 당신이 상대에게 돌려줄 수 있는 가장 진정한 것입니다. 누군가 다가와 당신을 안아줄 때, 그를 다시 안아줘야 할 필요는 없습니다. 그의 품에 온전히 안기는 것이야말로 상대에게 줄 수 있는 최고의 선물입니다.

당신이 잃어버릴까봐 두려워하는 것, 당신은 그것을 이미 잃어버렸습니다. 아직 눈치 채지 못했을지도 모르고, 슬퍼하고 탄

식하려면 좀 더 많은 시간이 걸릴지도 모릅니다.

하지만 때가 되면 당신은 깨닫게 될 것입니다. 당신에겐 잃어버릴 것이 아무것도 없다는 사실을 말입니다.

누군가 당신 곁을 떠났다는 이야기를 지어내고, 그 이야기에 집착하는 것이야말로, 당신 자신을 떠나는 일입니다. 그렇게 자신을 잃게 됩니다. 연인의 일에 일일이 참견하며 누구와는 함께 있어도 되고 누구와는 만나지 말아야 한다고 강요한다면, 결국 당신은 자기 자신을 잃게 됩니다. 남는 것은 외로움과 두려움뿐입니다.

당신의 생각에 의문을 가질 때, 당신은 비로소 자신을 고통스럽게 만드는 진짜 원인이 당신 자신이라는 사실을 깨닫게 됩니다.

내가 결혼한 상대는 나의 내면의 소리입니다. 모든 결혼식은 그 결혼에 대한 은유입니다. 조금도 꾸밈없이 정직하게 대답할 수 있는 자리, 그 자리가 바로 나의 연인입니다. 그 시간이 나의 진정한 남편이자 아내입니다. '아니오.'라고 말할 것을 겉으로만 '예.'라고 할 때, 나는 이미 그와 헤어진 것입니다.

∾

 '나 자신을 사랑해야 해.'라고 말하는 사람은 진정한 사랑이 무엇인지 모르는 사람입니다. 사랑은 있는 그대로의 모습입니다. 그래서 당신이 자신을 사랑하지 않을 때, '나 자신을 사랑해야 해.'라고 생각하는 것은 기만에 불과합니다. 그 반대가 오히려 더 진실입니다. '나 자신을 사랑해선 안 돼.' 자신을 사랑하지 말아야 한다는 것을 어떻게 알 수 있을까요? 당신이 지금 당신 스스로를 사랑하지 않기 때문에 알 수 있습니다. 그뿐입니다. 지금으로서는 그렇습니다.

 진실은 영적인 생각을 차별하지 않습니다. 영성을 강조하는 사람들은 '자기 자신을 사랑해야 한다.'고 말하지만, 이것은 진실이 아닙니다. 사랑은 행동이 아닙니다. 당신이 할 일은 아무것도 없습니다. 당신의 생각에 물음표를 붙이십시오. 당신의 사랑을 방해하는 것은 오직 당신의 생각뿐이라는 사실을 알게 될 것입니다. 그리고 그 생각이 괴로움을 만들어낼 뿐입니다.

 ∾

 당신이 진정 누구인지를 알게 되면, 누구와 함께 살든 아무 상관이 없습니다. 필요한 사람은 오직 한 사람뿐이며, 그 한 사람은 바로 당신 자신이니까요. 그 진실을 깨닫게 되면 거리로 나가서 전혀 모르는 사람을 선택하여 결혼하더라도, 당신은 행복한 삶을 살 수 있습니다. 누구를 선택하든 당신은 언제 어디에서라도 늘 완벽한 반려자와 살 수 있습니다.

~

나는 사람들이 나를 인정해주기를 바라지 않습니다. 저마다 생각하고 싶은 대로 생각하길 바랄 뿐입니다. 그것이 사랑입니다. 누군가를 조종하고 변화시키려고 하는 것은 그들의 마음을 능욕하는 것과도 같습니다.

다른 사람의 생각을 내 마음대로 조종할 수는 없습니다. 자신의 생각조차 어쩔 수 없는 것이 당신입니다. 생각의 물길은 어느 누구도 마음대로 바꿀 수가 없습니다. 생각은 거울이 수없이 많이 비치된 방과 같습니다. 상대방의 인정을 받으려고 하는 것은 '나는 이런 사람이다.'라는 하나의 거울에 갇히는 것을 의미합니다. 얼마나 하찮은 구속인가요.

~

남편이 "차 한 잔 주겠어요?"라고 부탁하면 기분이 좋습니다. 남편이 그 말을 할 때의 기분을 아니까, 나도 기분이 좋습니다. 그의 마음을 알기에 내가 무엇을 해야 할지도 압니다. 반대로 남편이 내게 차를 타줄 때의 기분도 압니다. 단순한 행동이 우리에게 선물해주는 기쁨과 감사!

하지만 남편이 알아서 차를 타주어야 한다든가, 남편이 내 취향을 알아서 파악해야 한다든가, 이번엔 남편이 차를 끓일 차례라든가 따위의 생각을 하면, 그런 생각 때문에 상처를 받게 됩니다. 그런 생각이 들면 즉각 물음표를 붙이면 됩니다. 물음표를 이겨낼 수 있는 믿음은 없습니다. 진정한 물음표는 사랑 아닌 모든 것을 당신 곁에서 사라지게 만들어줍니다.

우리는 우리의 미모와 지혜와 매력을 한껏 이용하여 상대를 내 남자로 만듭니다. 이것은 남자를 동물 정도로밖에 생각하지 않는 것입니다. 그래서 그 동물이 우리를 뛰쳐나가려 하면 분노합니다. 그가 더 이상 내게 관심이 없어졌다고 생각하고 다시 내 틀 안에 가두려 합니다.

하지만 이것은 자기 자신을 사랑하는 사람의 태도가 아닙니다. 나는 내 연인이 진정으로 자기 하고 싶은 걸 하기 바랍니다. 내게는 선택권이 없습니다. 그것이 바로, 나 자신을 사랑하는 길입니다. 그는 그가 할 일을 하고, 나는 그의 존재 자체를 사랑합니다. 그것이 내가 바라는 방향입니다.

일부일처제를 두고 말들이 많습니다. 일부일처제는 궁극적으로 우주 만물의 '근원'에 대한 상징입니다. 으뜸가는 한 사람에게 마음의 초점을 모으는 것이 일부일처제이니까요.

그 사람과 관련하여 당신이 마음속에서 지어낸 이야기들을 거두어들여야 합니다. 일부일처제는 신성합니다. 그 자리에서는 마음이 매우 고요해질 수 있으니까요.

많은 사람들이 당신에게 줄 수 있는 경험을, 오직 한 사람이 주게 될 것입니다. 오직 한 마음만이 있습니다. 당신의 배우자는 인간 본성에 담겨 있는 모든 개념을 다양한 조합을 통해 보여줄 것입니다. 그러면 당신은 당신 자신을 알게 될 것입니다. 당신과 함께하는 사람을 사랑하는 것, 그것이 바로 당신 자신을 사랑하는 길입니다.

가장 아름다운 순간

섹스에 대한 고정관념에 사로잡히지만 않는다면, 섹스는 숨쉬기나 걷기와도 같습니다. 섹스는 아름다움이고, 당신 자신입니다. 그러나 섹스를 통해 만족감, 황홀경, 친밀함, 유대감, 낭만 등을 찾고자 한다면, 섹스는 더 이상 당신 자신일 수도 없고 아름다움일 수도 없습니다.

사랑의 행위에 관한 당신의 경험과 연인은 아무런 관계가 없습니다. 전혀 관계가 없습니다. 당신은 그를 애무하고, 그 행위가 의미하는 것에 대해 이야기를 지어냅니다. 그는 당신을 애무하고, 당신은 그것이 의미하는 바에 대해 이야기를 지어냅니다. 당신은 당신 자신의 스위치를 켜기도 하고 끄기도 합니다. 연인이 당신을 잘못된 방식으로 만진다는 생각을 하는 순간, 당신은 스위치를 꺼버린 셈입니다. 당신은 자신이 중요한 어떤 진리를 알고 있다고 생각하고 그렇게 합니다.

하지만 실상은 당신의 생각과 다릅니다. 당신이 그를, 그가 당신을 사랑하는 것이 아니라, 신과 신이 사랑을 나누는 중입니다. 거기에는 규칙 같은 것이 존재하지 않습니다. 참여하고 싶다면 온전히 깨어서 참여하십시오. 당신의 연인이 참여했는지 안 했는지에 대해서는 당신이 관여할 일이 아닙니다. 그는 당신이 지어낸 이야기일 뿐이기 때문입니다. '그가 제대로 하고 있군.' '잘 못하잖아.' '이 사람은 이런 생각을 하겠지.' '이 사람이 정말로 나를 사랑한다면, 아마도 이렇게 하겠지.' 끝도 없이 늘어놓아도, 그 모든 것은 당신이 지어낸 이야기일 뿐입니다.

이야기를 지어내지 않고 섹스 자체를 즐겨본 적이 있습니까?

아마 그런 경험은 해본 적이 없을 것입니다. 우리 모두는 섹스가 어떤 것이라는 이야기를 갖고 있습니다. 섹스가 좋다, 나쁘다, 좋은 섹스 상대다, 아니다, 남편은 이래야 한다, 아내는 저래야 한다. 저마다 섹스에 관한 이야기를 지어내고는, 이론과 실제를 일치시키려고 애를 씁니다.

 남편이 누구인지, 당신이 누구인지, 당신의 손길이 어떤 의미를 지닌 것인지, 그의 손길이 어떤 의미를 지닌 것인지, 이런 감각은 무슨 뜻이고, 저런 감정은 무슨 뜻인지… 이야기가 무성합니다. 당신은 이야기를 지어내어 자신에게 들려주고, 좋고 나쁜 감정을 내곤 합니다. 그 이야기가 당신의 섹스입니다.

 그런 이야기를 지어내지 않는다면, 당신은 어떤 사람이 될까요? 자유로워질 것입니다. 이야기를 지어내지 않는다면, 당신은 섹스를 해도 섹스가 좋고, 섹스를 하지 않아도 섹스가 좋습니다. 그것이 있는 그대로의 섹스입니다.

∞

 어느 누구도 정신적으로 문제가 있는 사람은 없습니다. 불감증인 사람도 없습니다. 이런 것들은 우리 자신을 분리시켜 놓고 자신을 잃어버린 상태로 지낼 때 사용하는 용어일 뿐입니다. 남자가 어떻고 섹스가 어떻고 멋대로들 이야기를 합니다. 그러고는 몸을 도사립니다. 몸을 움츠린다고 불감증이라고들 하지만,

사실은 불감증이 아닙니다. 한 번도 검증된 적이 없는 이야기에 집착하고 있는 것일 뿐입니다.

당신의 생각에 물음표를 던져보십시오. 당신이 어떤 연인이 될지, 누가 알 수 있을까요? 연인이 된다는 것은 섹스의 쾌락과는 아무 관련이 없습니다.

이해심을 갖고 당신의 생각을 검증해볼 때, 당신은 자기 자신을 만나게 됩니다. 당신이 당신 자신의 연인이 됩니다. 결국, 당신과 함께 사랑을 나눌 연인은 당신 자신입니다.

남편에게 다른 여자가 생기고 그것이 용납이 안 되면, 나는 말할 것입니다.

"여보, 당신의 상황을 이해해요. 그런데 당신이 그럴 때면 내 안의 무언가가 당신과 멀어지곤 해요. 그게 뭔지는 나도 잘 모르겠어요. 그저 그렇다는 것만 알아요. 내게서 멀어지는 당신의 모습이 반영되어 그런 것일 수도 있어요. 당신이 그걸 알았으면 해요."

남편이 계속 그 여자를 만나고 그 여자와 시간을 보내고 싶어 하면, 나는 내가 점점 그에게서 멀어지고 있다는 것을 느낄 것입니다. 그렇다고 화를 내며 남편을 떠날 것까지는 없습니다.

남편을 곁에 두기 위해 내가 할 수 있는 일은 아무것도 없습니다. 그렇다고 이혼을 하기 위해 내가 할 수 있는 일도 없습니다. 그와 함께 살지도 모르고, 그를 사랑하면서 그와 이혼할지도 모릅니다. 이혼할 때는 '참 재미있는 상황이네. 언제까지나 함께하겠다고 해놓고 이제 와서 이혼을 하다니.'라고 생각할 것입니다. 그런 다음에는 한 번 크게 웃고는, 남편이 바라는 대로 되어서 다행이라고 여길 것입니다. 그 후에도 삶은 계속됩니다. 내 안에는 전쟁이 없으니까요.

혹자는 이혼을 하면서 이렇게 생각할 수도 있습니다. '바람피우는 건 용서할 수 없어. 그는 내게 상처를 주었어. 신의를 저버렸어. 나는 그런 사람과는 같이 살 수 없어.'

어느 쪽이든 상황은 마찬가지입니다. 차이가 있다면, 지어낸 이야기가 다른 것뿐입니다.

당신은 어느 쪽으로든 인생을 선택할 것입니다. 문제는 어떤 선택을 할 것인가입니다. 닥치는 대로 집어던지고 소리를 지를 건가요? 아니면 품위를 잃지 않고 너그럽고 평화롭게 처리할 건가요?

이런 일은 당신이 이래라 저래라 할 수 있는 일이 아닙니다. 태연한 척할 수도 없습니다. 초연할 수도, 한없이 사랑을 베풀며 품어줄 수도 없습니다. 솔직하게 행동하고 당신의 생각에 의문을 품으십시오.

사람들은 아마 입을 모아 말할 것입니다.

"이혼은 정말 끔찍한 일이야."

그럴 때, 당신은 이렇게 대답할지도 모릅니다.

"그렇게들 생각하는 것도 이해가 가요. 하지만 제 경험으로는, 이혼이 그렇게 끔찍한 것만은 아니었어요."

✥

사랑한다고 해서, 숨 쉬는 일을 거부하지는 않습니다. 사랑은 모래 한 톨, 먼지 한 톨 거부하지 않습니다.

사랑은 전적으로 자신과의 사랑 속에서 존재합니다. 그리고 사랑은 그 존재 자체를 통해 아무런 한계 없이 모든 길을 통해 뻗어 나갑니다.

사랑은 모든 것을 두루 끌어안습니다. 살인자나 강간범에서부터 성자와 개와 고양이에 이르기까지 모든 것을 두루 감싸 안습니다. 사랑의 불은 그 크기가 너무 방대하여 그 안에 있는 당신 또한 불태워버립니다. 어느 누구도 이 불을 끌 방법이 없습니다. 우리가 할 수 있는 일이라고는 사랑으로 존재하는 것뿐입니다.

✥

연인이나 배우자에게 아무것도 바라지 않는 경지에 이르게 된다는 건, 복권에 당첨된 것과 같은 횡재를 한 것입니다. 연인에게 무언가를 바란다면 자기 생각을 잘 들여다봐야 합니다. 우리는 모두, 각자에게 필요한 모든 것을 가졌기 때문입니다. 그래서 여기 이렇게 편안하게 앉아 있을 수 있는 것입니다. 상대방에게 요구할 필요가 없습니다. 그 무엇도 원할 필요가 없습니다.

상대방이 자유롭지 못할 때, 자유롭게 되기를 바랄 필요도 없습니다. 상대방이 평화롭지 못할 때, 평화롭게 되기를 바랄 필요도 없습니다. 하지만 상대방이 자유를 바라고 평화를 바란다면, 우리는 상대방의 자유와 평화를 바라게 됩니다. 바로 그 자리에서 우리는 하나가 되는 것입니다.

우리가 원하는 것은 바로 그것입니다. 그렇게 우리는 천상에서의 자리를 기억하고, 그리로 돌아가 안기게 됩니다.

상대방이 자신의 자유에 관심이 없다면, 나 또한 거기에 관심이 없습니다. 나는 당신의 자유를 원하고, 당신의 지옥을 원합니다. 당신이 무엇을 원하든, 나는 당신이 원하는 바로 그것을 원합니다. 그것이 사랑입니다.

몸은 나무와 꽃, 호흡처럼 순수하다

삶과 죽음으로부터 자유로워지기

PART

몸은 나무와 꽃, 호흡처럼 순수하다

나에게 '나'는 정상이다

몸은 생각하지 않습니다. 어떤 걱정도 하지 않고, 자신에 대해 어떤 문제도 갖지 않습니다. 몸은 자기 자신을 학대하지도 않고, 스스로를 부끄러워하지도 않습니다. 몸은 단순합니다. 스스로 균형을 잡고 건강을 유지하려 애쓸 뿐입니다.

우리의 몸은 철저하게 효율적이고 지적이며 친절하고 영리합니다. 당신이 끊임없이 일이키는 생각만 아니라면 당신 몸에는 아무런 문제가 없습니다.

우리를 혼동으로 몰아넣는 것은 우리가 철썩같이 믿는, 우리 스스로 지어낸 이야기입니다. 지어낸 이야기가 우리를 미혹에 빠뜨립니다.

당신은 당신의 몸에 대해 이야기를 지어냅니다. 그리고 그 이야기를 의심해보지도 않고 당신 몸에 문제가 있다고 생각합니다. 이것만 바뀌면, 저것만 바뀌면, 행복해질 거라고 믿나요? 하지만 당신이 고통스러운 까닭은 당신 몸의 결함 때문이 아닙니다. 당신의 믿음 때문입니다.

고통에 지쳤나요? 자신의 힘으로 어떻게 할 수 없는 일을 어떻게든 해보려고 아등바등하나요? 그것만큼 끔찍하게 힘든 일도 없습니다.

정말로 어떻게 해볼 다짐을 했다면, 환상을 버리고 삶에 당신 자신을 맡기십시오. 삶에 자신을 맡기고 살다 보면 어떻게든 됩니다.

우리는 날씨를 어찌할 수 없습니다. 태양과 달도 우리 힘으로 어떻게 할 수 없습니다. 폐나 심장도, 보고 걸을 수 있는 능력도, 우리는 어쩌지 못합니다. 기분이 날아갈 듯 상쾌하다가도 어느 순간 모든 에너지가 사라지기도 합니다. 무슨 일을 당할까 봐 조심조심하며 사는 것은 사는 것이 아닙니다. 조바심치면서 살지 마십시오. 당신의 그 조바심이 당신의 몸을 해롭게 합니다.

우리는 '생존'에 가장 집착하고, 그다음으로 건강, 풍요, 쾌락에 집착합니다. 하지만 그 모든 생각은 처음부터 끝까지 '나'에 관한 것으로 집중되어 있습니다. 어떻게 살아남을 것인지에 모든 생각이 집중됩니다. 자그마한 집이 하나 생기고, 작은 차가 생기고, 좁다란 마당이 생기면, 다음에는 더 건강하고 더 편안해질 수 있는 이야기들을 만들어냅니다. 쇼핑 카트를 가득 가득 채우고, 이것저것 집 안을 채워 넣기 바쁩니다.

몸이 편해지면 생각은 쾌락을 향해 달려갑니다. 몸이 곧 자신이라고 생각하는 많은 사람들이 이렇게 삶을 꾸려갑니다. 처음부터 끝까지 생각은 몸에 관련된 것에만 집중합니다. 그래서 이것저것 물질을 채우고, 다음에는 쾌락을 추구합니다.

하지만 모든 쾌락은 사실 고통입니다. 잃을까 염려하고, 지속시키려 애를 쓰고, 더욱 많이 얻으려 기를 쓰게 되기 때문입니다. 쾌락을 좇아다니게 되면, 진정한 즐거움은 전혀 경험할 수 없게 됩니다. 쾌락을 좇다 보면 늘 과거나 미래 속에 살지, 현재를 살 수 없기 때문입니다.

한번은 자신의 손가락을 몹시 부끄러워하는 여성과 '작업'을 한 적이 있습니다. 그녀는 열일곱 살에 류머티즘에 걸렸고, 그래서 손가락이 다른 사람과 다른 모양이 되었습니다. 그녀는 자신의 손가락이 정상이 아니라고 생각했고, 그 생각 때문에 괴로워했습니다. 사람들이 자신의 손가락을 보기만 해도 당황했습니다.

하지만 그녀에게는 그 손가락이 정상이었습니다. 그 손가락은 열일곱 살 이후로 매일 아침 눈을 뜨면 볼 수 있는 그녀의 손가락이었습니다. 27년 동안 그 손가락은 그녀의 정상적인 손가락이었습니다. 그녀는 그걸 몰랐습니다.

지금 있는 그대로가 우리에게 정상이 아니라고 믿는다면 우리는 어떻게 반응하게 될까요? 수치심, 슬픔, 절망에 빠질 것입니다. 하지만 그런 생각을 하지 않는다면, 우리는 어떤 존재가 될까요?

당신에게 주어진 조건이 어떤 것이든, 당신에게는 그것이 완전히 정상이라는 것을 깨닫게 된다면, 당신은 당신에게 주어진 조건을 편안히 받아들이고 사랑하게 될 것입니다. 다른 사람들 99퍼센트가 그렇게 봐주지 않는다고 해도, 그들에게 '정상적'인 것이 우리 모두에게 '정상적'인 것은 아닙니다. 지금 여기에 존재하는 그대로가 우리에게는 '정상적'인 것입니다.

그 여성은 현실을 있는 그대로 받아들이려고 하지 않았기 때문에 고통스러웠던 것입니다. 그 고통은 스스로 만든 것입니다. 그녀의 손가락에는 아무런 문제가 없습니다.

몸은 나무와 꽃, 호흡처럼 순수하다

몸이 하는 말에 귀를 기울여보십시오.

"우리가 당신을 통해 결함을 가질 수 있도록 허락해주세요. 우리에게는 결함이 아닙니다. 정상입니다. 당신이 결함을 숨기면, 그것은 당신이 우리에게 결함을 숨기라고 가르치는 것입니다. 우리는 오직 한 명의 스승만을, 지금 이 모습 그대로 존재하게 허락해줄 단 한 명의 스승을 기다리고 있습니다. 그분을 통해 우리는 그 결함조차도 우리에게는 정상이라는 것을 알게 되겠지요. 지금 이대로가 우리에겐 대단한 선물입니다. 고통은 그 선물을 받지 않으려 할 때 찾아옵니다. 당신이 아니라면 어느 누가 우리를 자유롭게 해주겠습니까? 당신 스스로를 위해 저희를 풀어주세요. 그러면 우리가 당신을 따를 것입니다. 우리는 당신의 생각의 반영이고, 당신이 자신을 풀어주면, 우리도 자유로워질 것입니다."

내 몸을 능욕하지 말라

더 아름다워져야 한다, 더 건강해져야 한다, 키가 더 커야 한다, 좀 더 날씬해져야 한다, 젊어 보여야 한다, 힘이 더 있어야 한다…. 이런 생각에 사로잡혀 있다면, 당신은 지금 자신의 몸을 능욕하고 있는 것입니다. 당신은 완벽한 몸을 가지고 있으면서도 당신의 몸을 무시하고 업신여기는 것입니다.

몸에 대해 지어낸 이야기를 멈추지 않는다면 건강한 몸, 아름다운 몸은 평생 가질 수 없습니다.

당신의 마음에 들든 들지 않든, 당신의 건강 상태는 완벽합니다. 더 아름다워져야 한다, 더 건강해져야 한다는 이야기를 지어내지 마십시오. 그런 이야기는 당신의 현재 조건이 완벽하다는 사실을 볼 수 없게 만듭니다. 당신의 현재 상태는 지금 당신이 해야 할 일을 해낼 수 있을 만큼, 지금 있어야 할 곳에 있을 수 있을 만큼 완벽합니다.

몸은 결코 우리의 문제가 아닙니다. 우리의 문제는 항상 우리가 순진하게 믿는 '생각'에 있습니다. '작업'은 우리의 생각을 다룹니다. 우리가 중독되어 있다고 생각하는 대상을 다루는 것이 아닙니다. 중독 같은 것은 없습니다. 그 순간에 일어나고 있는, '검증되지 않은 생각'에 대한 집착이 있을 따름입니다.

몸이 아프면 우리는 주변 사람들이 친절하게 대해주기를 기대합니다. 그러면서도 정작 자기 자신에게는 친절하지 않습니다. 병을 적으로 여기며 밀쳐내려 애씁니다. 하지만 병은 우리의 적이 아닙니다. 병은 우리와 한 침대를 쓰고 누워 있는 친구입니다. 최악의 적은 병이 아니라, 우리의 '생각'입니다. 우리의 적인 '생각'과 평화를 이루기 전에는, 사랑하는 남편이나 소중한 자녀까지도 제대로 사랑할 수가 없습니다. 길을 잃고 헤매거나 무언가를 잃게 될지 모른다고 생각하다 보면, 우리는 병에게 가졌던 증오심과 미움을 가족에게 쏟아부을 수도 있습니다.

병에 저항할 필요가 없습니다. 저항해야 하는 것은 우리의 생각입니다. 이야기를 스스로 지어내지만 않는다면 문제는 존재하지 않습니다.

우리에게는 건강하게 지내는 것 말고는 달리 할 일이 없습니다. 그리고 건강해지는 것은 몸에게 달려 있는 문제가 아닙니다. 몸으로서는 어떻게 해볼 도리가 없습니다. 그러니 몸에 문제가 있다는 생각은 깨끗이 잊어버리십시오. 지금 있는 그 상태를 인정하고 받아들이십시오.

몸에 대해 우리가 지어낸 이야기들, '나는 뚱뚱해, 나는 장애가 있어, 나는 몸이 아파, 나는 못생겼어….' 그 이야기들을 믿는 순간, 우리는 절대로 자신의 모습을 제대로 볼 수 없습니다. 모든 사람에게 예외 없이 말입니다.

우리는 몸이 완벽해져서 마음의 안정과 평화를 찾을 때까지 기다리기만 합니다. 하지만 우리가 지어낸 이야기들을 믿는 동안에는 그러한 순간이 찾아오지 않습니다. 모두 잊고, 지금 여기에서부터 평화를 누리십시오.

나는 약을 먹어야 할 때면 먹고, 그렇지 않을 때는 먹지 않습니다. 그러니 내 몸의 문제를 가지고 우왕좌왕할 일이 없습니다. 사람들은 말하곤 합니다.

"저런, 안됐군. 저 사람은 이런저런 치료를 받지 못해서, 이런저런 약을 먹지 않아서 죽은 거야."

사람들은 자신들이 지어낸 이야기에 묶여 있지만, 나는 자유롭습니다. 생각에 물음표를 붙이고 검토하게 되면, 당신도 자유로워질 수 있습니다.

생각은 늘 이야기를 지어냅니다. 하지만 이야기만 지어내지 않는다면, 병들고 늙는 것도 멋진 일이 됩니다. 팔이나 다리나 눈이나 사랑하는 사람을 잃는 것도 멋진 일이 됩니다.

스트레스가 많은 당신이라면, 당신이 가진 조건과 환경에 대해 당신이 품은 생각들에 물음표를 붙이십시오. 그러면 지금 바로 이 순간이 당신에게 주어진 가장 완벽한 상태라는 것을 깨달을 수 있습니다.

생각을 바꾸면 고통도 멈춘다

몸이 아파서 제대로 잠을 이룰 수가 없나요? 하지만 당신에게는 무척이나 기다리던 전화가 있고, 당신이 아플 때 그 전화벨이 울렸다면, 당신은 어떻게 할까요? 당신은 순간적으로 몸의 고통 따위는 잊어버립니다.

생각을 바꾸면, 고통도 멈출 수 있습니다.

∾

깨어 있는 의식은 몸보다 훨씬 더 활기찬 것입니다.

∾

내 심장은 언제나 건강합니다. 심장마비를 일으킨다 할지라도, 그 자체로 건강한 것입니다. 그 순간에는 완벽한 것입니다. 힘차게 박동하든, 마비가 되어 움직이지 않든, 심장은 자기가 해야 할 일을 하고 있는 것입니다. 지금 벌어지는 일과 힘겨루기를 하면, 두려움 때문에 오히려 심장마비를 일으킬 것입니다.

하지만 이야기를 지어내지 않는다면, 그래서 현실과 다투지 않는다면, 당신은 심장마비를 일으켜도 평화로울 것입니다.

"아. 이렇게 내가 가는구나. 이렇게 내 한 생애의 이야기도 끝이 나는구나."

심장마비는 아주 흥미로운 일이 될 수 있습니다. 이것은 단지 의식의 문제입니다. 있는 그대로를 알아차리는 것, 당신은 바로 그런 마음의 움직임 자체입니다.

몇 년 전 네덜란드에 갔을 때 감기에 걸렸습니다. 열이 심하게 났습니다. 그래도 '작업'은 매일 계속되었습니다. 이른 아침부터 늦은 밤까지 사람들과 함께 작업을 했습니다. 잠깐 쉬는 시간에는 불덩이 같은 몸을 안고 구석에 쭈그리고 앉아 마치 죽은 것처럼 눈을 감고 있었습니다.

내 몸은 내가 상관할 바가 아닙니다. 정신이 또렷한 상태라면, 나는 늘 건강한 기분입니다. 지어낸 이야기가 없으니 병도 없습니다. 하늘이 있고 사람들이 있고 눈이 오고 숨을 쉬고 감기에 걸리고 열이 나고 탈진하고 즐거움이 있고…. 모두가 다 있습니다! 지어낸 이야기만 없다면, 나는 자유 그 자체입니다.

건강에 문제가 없어야 한다고 생각하면, 힘든 일이 한두 가지가 아닙니다. 그로 인해 진실을 제대로 보지 못합니다. 기침 한 번 하면서도 갖가지 상상을 하고, 코를 풀면서도 망상을 합니다. 어디가 불편하다고 주변에 제대로 알리지도 못합니다. '내 몸이 더 좋아져야 한다.'는 이야기를 지어내지 않는다면 어떨까요? 당신의 삶에 자유의 날개가 펄럭이기 시작할 것입니다.

몸은 당신에게 평화를 빼앗을 능력이 없습니다. 몸이 하고 싶은 대로 내버려두십시오. 몸이 어떻든 당신은 행복을 누릴 자격이 언제나 충분합니다.

당신의 몸을 당신이라고 믿고 동일시하는 순간, 당신은 작고 비좁은 한계에 갇힌 채 살아야 합니다. 그래서 어떻게 해야 살아남을 수 있을지, 어떻게 해야 더 편안해질지, 어떻게 해야 더 즐거울지에 대해서만 모든 생각을 집중하게 됩니다. 한순간이라도 방심하면 몸의 안전을 보장할 수 없을 거라 생각합니다.

꿈을 꿀 때, 당신은 완전히 그 꿈 자체입니다. 그 안에 있는 모든 것입니다. 그것이 당연한 것입니다. 당신은 꿈꾸는 사람이니까요. 당신에게는 몸이 없습니다. 당신은 자유롭습니다. 당신은 남자이고 여자입니다. 강아지이고 나무입니다. 동시에 그 모든 것입니다. 어느 순간에는 부엌에 있다가 다음 순간에는 산꼭대기에 있습니다. 뉴욕에 있다가 갑자기 하와이에 있습니다. 고정된 것은 아무것도 없습니다. 당신은 당신의 몸 그 자체가 아니기 때문입니다. 그러니 어디에도 집착할 대상이 없습니다.

우리 자신을 몸과 동일시하지 않을 때, 우리의 마음은 한계를 벗어나 마음껏 자유를 누릴 수 있습니다.

누군가 아침에 "살이 좀 빠진 것 같은데?"라고 말을 건네면, 기분이 좋습니다. "살이 좀 붙은 것 같은데?" 그래도 역시 기분이 좋습니다. "왜 그렇게 나이 들어 보여?" 그래도 좋습니다. "젊어 보인다, 얘." 그래도 좋습니다.

몸은 내가 신경 쓸 일이 아닙니다. 내가 신경 써야 할 일은 내 생각입니다. 그러니 몸을 자기 자신이라고 여기면서 자신을 학대하지 마십시오. 당신은 훨씬 더 크고 밝은 존재입니다. 마음껏 자유를 즐기십시오.

마음이 평화로우면 몸 걱정 따위는 하지 않게 됩니다.

'어깨를 다치면 안 된다.' 당신의 이 생각은 사실일까요? 어깨는 다칠 때가 되면 다칩니다. 다칠 때가 아니면 다치지 않습니다. 어깨를 다쳐서는 안 된다는 것은 전혀 근거 없는 이야기입니다. 우리가 이야기를 지어내는 것은 시간과 공간, 몸과 마음으로부터 자기 자신을 지켜내는 방식입니다. 여기에는 옳은 것도 없고 그른 것도 없습니다. 하지만 이제는 현실을 봐야 합니다.

현실과 화해하지 못할 때, 우리는 스트레스를 받습니다. 스트레스는 있는 그대로의 당신을 인정하지 않는 데서 비롯됩니다. '난 아파서는 안 돼. 이런 식으로 상처받아서는 안 돼.' 이렇게 생각하면 얼마나 괴로울까요? 그렇게 괴로웠던 적이 몇 번이나 있었나요? 나도 전에는 그렇게 살았습니다. 침대에 누워 몇 년 동안 그렇게 살았습니다. '왜 이렇게 어깨가 아픈 거야. 이렇게 아프면 안 되는데….' 그렇게 생각해봐야 눈물만 납니다. 하지만 어깨는 그렇게 아파야 하기 때문에 그렇게 아픈 것입니다. 어깨가 아프도록 내버려두십시오. 그것이 현실입니다. 당신이 아픈 것은 어깨가 아파서가 아니라, 현실과 싸우기 때문에 아픈 것입니다.

❧

　모든 믿음은 조심하라는 것에 관한 믿음입니다. 이것도 조심해라, 저것도 조심해라⋯. 안전을 위해 조심조심 살라는 것은 몸의 생존을 위한 하나의 방식입니다.
　하지만 나는 그런 방식으로 살지 않습니다. 무슨 일이 닥쳐오든 기꺼이 환영하고 싶습니다.

❧

　어떤 음식이 당신 몸에 좋다고 여겨지면 그 음식을 즐겨 먹게 되고, 먹으면 괜히 기분도 좋아집니다. 모처럼 자신을 아껴주었다는 기분이 듭니다. 하지만 다른 사람들, 가령 당신의 가족이나 친구들 역시 그 음식을 먹어야 한다고 생각하게 되면, 그때부터 전쟁이 시작됩니다. 그 음식들이 그들에게도 최선인지는 누구도 알 수 없습니다. 당신이 즐겨 먹는 당근이 그들에게는 유해식품일지도 모릅니다.
　당신이 그들이 가야 할 길까지 알 수는 없습니다. 당신은 당신이 가야 할 길을 알고 있나요?

❧

　세상에 괴로움이란 존재하지 않습니다. 괴로움이 존재한다는 것을 믿게 만드는 이야기가 있을 뿐입니다. 고통이 존재한다는 것은 거짓말입니다. 놀랍지 않나요? 직접 검토해본다면, 당신 스스로도 깨닫게 될 것입니다.

∽

'운동을 하면 몸이 한결 나아질 것이다.'
 이런 믿음에 대해서 우리는 조금도 의심하지 않습니다. 운동 덕분에 몸이 아프지 않게 되었다는 것을 정말 알 수 있나요?
 '내 몸은 운동, 마사지, 건강식품 덕분에 한결 나아질 것',이라는 생각에 초점을 맞추면, 그것은 몸과 자기 자신을 동일시하는 것입니다. 잠이 들면 우리는 이런저런 생각을 잊어버립니다. 하지만 잠을 자지 않는 동안에는, 저마다 자기 생각들에 취해서 살아갑니다.
 우리는 몸을 통해서 고통받는 것을 두려워합니다. 건강식품이나 영양제를 먹지 않으면 몸이 나빠질 거라는 생각에 사로잡혀 살아갑니다. 그리고 운동을 통해 고통을 피해보려 합니다.
 진정한 운동은 하나뿐입니다. 그것은 정신의 운동이고, 자유로운 흐름에 따라 사는 운동입니다. 있는 그대로를 사랑하는 운동입니다.
 나도 안 해본 것 없이 다 해보았습니다. 마사지, 요가, 당근주스, 비타민 등 아무리 효과가 좋은 것이라 해도, 나는 결국 그런 것들이 노화를 막을 수는 없다는 걸 잘 압니다. 나는 차라리

우아하게 늙어가는 것을 택할 것입니다.

사실, 병도 억지로 막으려 애쓸 이유가 없습니다. 병에 걸림으로써 자신의 생각을 반추해보고, 어떤 생각이 나에게 스트레스를 주는지 가려낼 수 있기 때문입니다. 그렇게 되면 병은 차라리 은총입니다.

매혹적이지 않나요? 삶 전체를 통째로 받지 않으시렵니까? 삶을 통째로 선물로 받으면 당신은 몸으로부터 자유롭게 됩니다. 몸이 곧 당신 자신이라는 생각에서 자유로워집니다.

어딘가는 늘 아프게 마련입니다. 그때마다 우리는 몸에 관한 생각을 하게 되고, 그것이 바로 우리가 작업을 해야 할 부분입니다.

당신의 몸을 치유할 목적으로 '작업'을 하지는 마십시오. 진실을 사랑하는 데만 전념하십시오. 마음을 치유하는 일에 집중하십시오. 이해심을 가지고 당신의 생각을 만나십시오. 완벽하게 건강한 몸을 만들어놓았는데, 그만 한순간의 방심으로 트럭에 치일 수도 있습니다. 바로 지금 이 자리에서 행복할 수 있나요? 내일이 아닌, 10분 후가 아닌, 바로 지금 행복할 수 있나요? 내가 말하는 행복이란 자연스러운 평화와 명료함을 의미합니다. 그리고 그것이야말로 '작업'이 당신에게 안겨줄 선물입니다.

몸은 나무와 꽃, 호흡처럼 순수하다

몸에 대해 지어낸 이야기를 멈추지 않는다면
건강한 몸, 아름다운 몸은 평생 가질 수 없습니다.

한계가 없는 존재

당신의 육체를 당신과 동일시하면, 당신 존재가 무한하고 당신의 세포가 무한하고 당신 영혼이 음악처럼 자유롭다는 사실을 알지 못합니다.

∽

몸이 아프면 정신에 영향을 끼쳐 사리판단이 흐려진다고 생각하는 사람들이 있습니다. 반대로 정신이 또렷하면 웬만한 병은 걸리지 않을 거라고 생각합니다. 하지만 아무리 영적으로 깨달았다 하더라도, 내 심장과 내 위는 자기 할 일을 합니다. 그렇기 때문에 내가 생명을 유지하며 살 수 있습니다.

내 심장과 내 위는 내가 관여할 일이 아닙니다. 내가 관여할 곳은 내 생각이지만, 사실은 그것조차도 아닙니다. 완벽하게 평화롭다고 해도 당신의 몸은 자기 할 일을 합니다. 아직도, 병은 정신에서 비롯된다는 말이 진실이라고 생각하나요?

∽

내 혈액 검사 결과를 본 의사가 걱정스러운 표정을 지었습니다. 그는 안 좋은 소식이라고 뜸을 들이더니, 안됐지만 암이 있다고 말했습니다. 안 좋은 소식? 저는 미소를 지었습니다. 제

미소를 본 의사는 놀랐습니다. 이런 종류의 웃음을 이해하는 사람은 많지 않습니다. 나중에 제 몸에 있는 것이 암이 아니라고 밝혀졌고, 그것 역시 좋은 소식이었습니다.

더 정확하게 말하자면, 암을 사랑할 수 있어야 신을 사랑할 수 있습니다. 암은 신이 주신 것이 아닌가요? 신이 주신 것 중 당신에게 좋은 것만 받아들이실 건가요? 가난, 외로움, 상실감 같은 것도 신이 우리에게 준 것입니다. 우리를 괴롭히는 것은 신이 준 선물에 덧붙여지는 우리의 생각이고 집착입니다.

언젠가 커다란 종양이 몸속에 있다는 것을 알게 된 친구를 찾아갔습니다. 의사는 그녀에게 몇 달밖에 살지 못할 거라고 말했습니다. 내가 친구를 만나고 떠나려는데, 그녀가 말했습니다.

"사랑해."

그래서 난 말해주었습니다.

"아니, 넌 날 사랑하지 않아. 네가 네 몸속의 종양을 사랑할 수 있기 전까지는, 넌 날 사랑할 수 없을 거야. 너는 네 종양에 대해 온갖 생각을 하듯이, 나에게도 그렇게 생각할 거야. 네가 원하는 것을 내가 주지 않거나 네가 믿는 것과 다른 소리를 하면, 넌 나에 대한 생각이 달라질 거야."

가혹하게 들릴지 모르지만, 평소에 그 친구는 나에게 늘 진실만을 말해달라고 부탁했기 때문에 어쩔 수 없었습니다. 친구의 눈에 눈물이 맺혔고, 솔직히 말해줘서 고맙다고 말했습니다.

지금 눈앞에 펼쳐지고 있는 모든 것이 바로 당신의 치료약입니다.

당신에게 병이 필요하다는 것을 어떻게 알 수 있을까요? 당신이 병에 걸렸다면 그것은 당신에게 병이 필요하다는 증거입니다. 그렇다고 아무것도 하지 말라는 뜻은 아닙니다. 그것 역시 병을 부정하고 거부하는 것입니다.

당신의 상황에 맞춰 가장 좋은 의사를 찾아가고 최선의 치료를 받아야 합니다. 하지만 적과 싸우듯이 긴장하고 두려워하지는 마십시오. 그런 싸움은 효과적인 치료법이 아닙니다. 있는 그대로를 사랑하고, 당신의 삶이 실제로 더 좋아질 수 있는 방법을 모두 찾아야 합니다. 고요한 마음의 중심에 머물면서 치료를 위한 모든 수단을 찾아 시도해야 합니다. 내면의 평화가 당신에게 더 큰 생명력을 부여해줄 것입니다.

19년 전, 한 의사가 내 얼굴에서 커다란 종기를 제거했습니다. 나는 내 생각에 물음표를 붙였고, 그래서 종기가 있든 없든 문제가 없었습니다. 문제는커녕 나는 그것 때문에 오히려 행복했습니다. 나는 종기가 생긴 것을 보게 되어 행복했고, 그것이 사라지는 것을 보게 되어 행복했습니다. 정말 볼 만한 종기였습니다!

  나는 종기를 제거하기 전에 사람들에게 그것을 보이고 싶었습니다. 하지만 사람들은 종기를 보고서도 못 본 척하기 일쑤였습니다. 사람들의 그런 모습이 재미있었습니다.

  한 꼬마 아이가 내 얼굴을 빤히 쳐다보자, 아이 엄마가 아이의 옷소매를 잡아당겨 귓속말로 주의를 주었습니다. 내 마음이 상할까봐 그랬던 걸까요? 아니면 내가 무슨 괴물이라도 된다고 생각했던 걸까요? 하지만 나는 아무렇지도 않았습니다. 내 얼굴의 종기는 내게는 정상적인 것이었습니다. 그것이 현실이기 때문입니다.

  사람들은 내 종기를 보고는 얼른 눈을 돌렸다가, 잠시 후 다시 흘끔 보고는 다시 눈을 돌리기를 반복합니다. 그러다 나와 눈이 마주치면 같이 웃습니다. 내가 종기에 대한 이야기를 지어내지 않았기 때문에 사람들도 결국엔 함께 바라보고 웃을 수 있게 된 것입니다.

  너무 뚱뚱한 사람도 있을 수 없고, 너무 마른 사람도 있을 수 없습니다. 그런 것은 가능하지 않습니다. 그런 사람이 있다는 것은, 우리가 쓴 이야기 속에나 있는 일입니다. '너무 뚱뚱하다.' 는 잣대, '너무 말랐다.'는 잣대는 어디에 있습니까? 그런 잣대가 작용하게 되면, 우리는 있는 그대로를 볼 수 없게 됩니다. 그런 생각을 믿고 싶지 않지만, 다른 방법을 알지 못한다고요? 그래서 '작업'을 하는 것입니다. 200킬로그램이 나가는 몸으로도 얼마든지 가볍게 살 수 있습니다.

～

 누군가 당신을 향해 뚱뚱하다고 말한다면, 그것은 그들의 생각일 뿐입니다. 당신이 뚱뚱한 건지 마른 건지 적당한 건지 어느 누가 어떻게 알 수 있을까요? 설령 그런 잣대를 들이민다고 해도 그래서 어떻다는 것입니까? 창피해서 죽기라도 해야 할까요? 누가 "살 좀 빼셔야겠네요."라고 말하면, 나는 그 말을 이해합니다. 나도 같은 생각을 한 적이 있기 때문입니다. 나는 그들의 말이 옳은 이유를 찾고, 그들과 한편이 되고, 평화를 얻습니다. 다만 그뿐입니다.

～

 내가 만약 오른팔을 잃고 왼팔 하나로 살아간다면, 다른 사람들과 비교하지 않는 이상 두 팔이 필요하다는 것을 어떻게 알 수 있을까요? 우주에는 실수가 없습니다. 있는 그대로를 받아들이지 않으면, 현실이 무섭고 절망적이기만 합니다. '두 팔이 있어야 해.'라는 이야기를 지어내는 데서부터 괴로움이 시작됩니다. 현실과 다투어야 하기 때문입니다. 이야기를 지어내지만 않으면, 누구나 필요한 것을 전부 갖추었다는 것을 알게 됩니다.

오른팔이 없는 사람도 그 자체로 완전합니다. 처음 왼손으로 글씨를 쓸 때는 좀 힘들겠지만, 그 나름대로 완전합니다. 왼팔은 글을 쓰기 위해 필요한 방식으로 일을 하기 시작할 것입니다.

이 세상에는 떨리는 한쪽 손으로 글씨를 쓰면서도 행복하게 사는 법을 가르쳐주는 선생이 있어야 합니다.

당신의 몸을 놓아주라고 말하는 것이 아닙니다. 그런 일은 불가능합니다. 몸을 소유하고, 몸을 돌보고, 몸에 관한 평소의 생각을 한번 살펴보고, 종이에 적어보고, 검토하고, 뒤집어보라는 말입니다.

죽음과 삶은 대등하다

죽음에 대해 생각만 하면, 삶의 본질을 제대로 볼 수 없습니다. 삶도 죽음도 그것이 실제로 무엇인지 체험할 수가 없습니다. 생각이 만들어낸 두려움으로, 자신에게 일어나는 모든 일을 컨트롤하려고 애쓸 것이고 그때마다 어김없이 상처를 입을 것입니다.

죽음과 삶은 대등한 것입니다. 죽음에 대한 이야기를 지어내지 않으면, 슬픔은 존재하지 않습니다.

❧

죽음이 무엇입니까? 어떻게 죽음을 맞이해야 할까요? 당신이 태어났다고 누가 말하던가요? 삶은 검토되지 않은 생각들의 연속일 뿐입니다. 마음속의 분주한 헤아림으로만 가득할 뿐입니다.

잠시 동안만이라도 '네 가지 질문' 속에서 살아보십시오. 그곳이 바로 세상이 끝나는 지점이고, 당신에게 남은 것은 다음 생각을 검토하기 위해 돌아온 당신 자신뿐입니다.

죽음 뒤에도 당신이라는 존재는 계속될까요? 생각에 의문을 갖고 믿음에 질문을 던지면, 당신의 진정한 본질은 삶과 죽음을 초월하여 존재한다는 사실을 깨닫게 될 것입니다.

❧

무엇이 좋고 무엇이 나쁜지는 아무도 모릅니다. 죽음이 무엇인지는 아무도 모릅니다. 어쩌면 아무것도 아닐 수도 있고, 아주 중요한 것일 수도 있습니다. 죽음은 절대적인 미지의 대상이고, 나는 미지의 것을 사랑합니다.

  우리는 죽음이 어떤 존재의 상태이거나 무無의 상태라고 상상하며 겁을 먹습니다. 나는 있는 그대로를 사랑합니다. 나는 병과 건강, 오는 것과 가는 것, 삶과 죽음을 사랑합니다. 나는 삶과 죽음을 동등한 무게로 바라봅니다. 현실은 좋은 것이고, 그러니 죽음 역시 그것이 무엇이든 좋은 것임에 틀림없습니다.

  죽음에 대한 두려움은 사랑에 대한 두려움을 가리는 마지막 연막입니다. 우리는 우리가 육체적 죽음을 두려워한다고 생각합니다. 하지만 우리가 진정으로 두려워하는 것은, 우리 자신에 대한 정체성의 죽음입니다.

  그러나 우리의 믿음에 의문을 품어보면, 죽음이란 하나의 개념일 뿐이고, 우리의 정체성 역시 하나의 개념일 뿐임을 알게 됩니다. 그리하여 진정 우리가 누구인지를 깨닫게 될 때, 우리가 품은 죽음에 대한 모든 두려움도 끝이 나게 됩니다.

  상실, 죽음, 이별은 하나의 개념에 불과합니다.

  내 손자 레이스가 태어날 때 나는 분만실에 있었습니다. 나는 첫눈에 그 아이에게 반했습니다. 그런데 저런, 아이가 숨을 쉬지 않는 것입니다. 의사는 당황한 기색이 역력했고, 즉시 아이에게 무언가 조치를 취하기 시작했습니다. 방에는 공포의 기운이 감돌기 시작했고, 어떤 방법도 소용없는 듯했습니다. 아기는 여전히 숨을 쉬고 있지 않았습니다.

그 순간, 내 딸 록산과 눈이 마주쳤습니다. 나는 록산에게 미소를 지어주었습니다. 록산이 나중에 말하더군요.

"엄마가 그런 미소를 자주 짓는 거 아세요? 엄마의 미소를 보는 순간 마음이 아주 평화로워졌어요. 아이가 위험한 순간이었지만, 나는 그 순간을 견뎌낼 수 있었어요."

잠시 뒤에 아이는 숨을 들이켰고, 우렁찬 울음소리가 들렸습니다.

내 사랑을 받기 위해서 아이가 숨을 쉬는 것은 아닙니다. 아이가 숨을 쉬는 것은 아이의 일이지, 내 일이 아닙니다. 그 아이가 숨을 쉬든 안 쉬든, 나는 그 아이의 한순간도 놓치지 않을 것입니다. 숨 한번 못 쉬고 갔다 해도 그것 또한 그 아이의 한평생입니다. 나는 현실을 사랑합니다. 환상이 지배하는 방식으로서가 아니라 바로 지금 있는 그대로를 사랑합니다.

죽음을 결정할 권한은 우리에게 없습니다. 희망이 없다는 것을 알게 된 사람들은 자유로워집니다. 결정권은 우리의 손에 쥐어져 있지 않습니다. 죽음은 항상 그런 식이었지만 어떤 사람들은 신체의 죽음이 임박해서야 그 사실을 깨닫습니다. 임종의 자리에서 미소 지을 수 있는 사람은, 죽음의 결정권이 자신에게 없다는 사실을 알아차린 사람입니다.
　자신이 책임져야 한다는 기만은 이제 끝내십시오. 선택의 여지가 없으면 두려움도 없습니다. 그리고 그곳에는 평화가 자리합니다. 우리는 이제야 집에 돌아왔다는 사실을, 하지만 한 번도 집을 떠난 적이 없다는 사실을 깨닫게 됩니다.

　자식을 먼저 보낸 사람들은 자신들의 이야기에 심각하게 집착합니다. 그럴 수밖에 없는 듯합니다. 슬픔을 내려놓거나 슬픔에 의문을 표하는 일조차도 죽은 아이에 대한 배신처럼 여겨지기 때문입니다. 시간이 아무리 흘러도 대개는 사태를 다른 방식으로 볼 준비가 되지 않습니다. 그래야만 할 것 같아서죠. 한 죽음을 앞에 두고 지어낸 이야기를 꿰뚫어보기 위해서는 대단한 용기가 필요합니다.

누가 신을 가르치려 하는가?

죽음을 슬프다고 생각하는 사람은 누구입니까? 아이들이 죽으면 안 된다고 생각하는 사람은 누구입니까? 죽음이 무엇인지 안다고 생각하는 사람은 누구인가요?

누가 이야기에 이야기를 덧붙이고, 생각에 생각을 덧붙여서 신을 가르치려 드나요? 당신입니까? 어디 한번 알아볼까요? 마음의 준비가 되었다면, 현실과의 전쟁을 끝낼 수 있을지 한번 알아보도록 합시다.

∽

그동안 많은 임종을 지켜보았습니다. 그분들은 나와 '작업'을 하고 나면 아주 편안하다고 말했습니다.

암으로 죽음을 앞두고 두려움에 떨던 한 여성이 기억납니다. 그분을 처음 보았을 때 내가 말했습니다.

"아무런 문제가 없어 보이네요."

그분이 어이없다는 듯이 말했습니다.

"문제가 없다고요? 이걸 좀 보세요."

그녀는 침대보를 들췄습니다. 한쪽 다리가 부어올라 다른 쪽 다리의 두 배는 되어 보이더군요. 물끄러미 들여다보았지만 무엇이 문제인지 알 수 없었습니다. 그분이 말했습니다.

"눈이 있으면 이 다리 좀 보시라고요. 그리고 이쪽 다리도 좀 보시고요."

그래서 내가 말했습니다.

"아, 이제 보이네요. 그러니까 두 다리가 같아야 된다는 생각 때문에 괴로우시군요. 그런 생각을 하지 않으면 무슨 문제라도 생기나요?"

그분은 그제야 눈치를 챘습니다. 곧 소리 내어 웃기 시작했습니다. 그리고 웃음과 함께 두려움도 사라졌습니다.

돈을 모두 잃은들 무슨 상관이겠습니까? 암에 걸린들 무슨 상관입니까? 연인이 떠나도 괜찮고, 곁에 있어도 괜찮습니다. 사랑 속에서 산다면.

사랑 속에 산다면 현실이 어떻든 항상 '예스'라고 말할 수 있습니다. 내가 온 마음으로 반기지 않을 일이 어디 있겠습니까? 우리 모두가 큰 사랑 속에서 산다면.

어느 호스피스 모임에서 죽음을 앞둔 한 여성을 찾아간 적이 있습니다. 마침 그녀가 낮잠을 자고 있기에 옆에 가만히 앉아 있었습니다. 잠시 후 그녀가 잠에서 깨어났고, 나는 그녀의 손을 잡고 이야기를 나누었습니다.

"너무 무서워요. 어떻게 죽어야 할지 모르겠어요."

내가 대답했습니다.

"그게 사실인가요?"

"그럼요. 어떻게 해야 할지 나로서는 알 수 없잖아요."

"제가 들어올 때 주무시고 계셨죠? 어떻게 잠에 드는지 아시나요?"

"물론이죠."

그래서 내가 말했습니다.

"누구나 매일 밤 눈을 감고 잠이 듭니다. 눈을 감고 잠이 들기를 기다리는 것입니다. 죽음도 그래요. 죽음이나 잠이나 다를 게 없습니다. 죽음은 뭔가 다를 거라고 믿는 당신의 생각 때문에 두려운 것입니다."

그녀는 사후세계를 믿는다며 이렇게 말했습니다.

"저승에 가게 되면 뭘 어떻게 해야 할지 모를 것 같아요."

그래서 물었습니다.

"저승에서 할 일이 있다는 것을 정말 알 수 있나요?"

"글쎄요. 아마 할 일이 없겠죠?"

나는 말했습니다.

"당신이 알아야 할 것은 아무것도 없습니다. 그래도 괜찮습니다. 필요한 것은 이미 그곳에 모두 마련되어 있습니다. 그런 생각을 할 필요가 없습니다. 졸리면 자면 됩니다. 잠에서 깨면 무엇을 해야 할지 알게 될 것입니다."

물론 나는 그분에게 삶에 대해서 설명했습니다. 죽음이 아니라 삶에 대해 말입니다. 그런 다음 '작업'의 두 번째 질문을 던졌습니다.

"어떻게 죽는지 모른다는 말이 사실이라는 것을, 정말로 알 수 있나요?"

그녀는 웃기 시작하더니, 쓸데없는 '이야기'에 붙들려 있기보다는 나와 함께 있고 싶다고 말했습니다. 지금 우리가 실제로 있는 곳 말고는 아무 데도 갈 데가 없다는 사실이, 재미있지 않나요?

나는 변하지 않습니다. 굳이 변화가 있다면 바깥세상의 얼굴이 달라지는 것뿐입니다. 바깥세상은 나의 내면을 비추는 거울입니다. 바깥세상은 나 자신의 목소리이며, 언제나 내 건강 상태를 알려줍니다. 병이든 건강이든 나는 다 환영합니다.

어떤 때는 슬퍼하고, 어떤 때는 기뻐합니다. 어떤 때는 행복 속에 살고, 어떤 때는 고난 속에 삽니다. 어떤 때는 평화롭고, 어떤 때는 화를 냅니다. 어떤 때는 이렇고, 어떤 때는 저렇습니다. 나는 내 자신의 본성을 알려주는 하나하나의 세포입니다.

그리고 이 모든 변화를 넘어서서, 나는 궁극적으로 항상 평화롭다는 사실을 압니다.

───

  우리는 죽음이 삶과 다름없다는 것, 그리고 죽음은 늘 자신만의 달콤한 방식으로 다가온다는 것을 알지 못합니다. 우리는 죽음에 대해 제대로 알지 못한 채 신의 역할을 떠맡으려 합니다. 그리고 늘 상처를 받습니다.

  우리가 머무는, 있는 그대로의 현실에 마음이 반대할 때마다, 우리는 슬픔에 빠져서 모든 것으로부터 분리를 경험하게 됩니다. 이야기를 지어내지 않으면 슬픔도 없습니다. 존재하는 것만이 존재하며, 우리가 바로 그 존재 자체입니다.

내면의 평화보다
우리에게 더 큰 생명력을 부여해주는 것은 없습니다.

내 친구 중 한 명은 몇 년 동안 진지하게 '작업'을 하고 나서, 세상이 마음의 반영이라는 사실을 깨달았습니다. 그녀는 자신의 목숨과도 같은 연인과 결혼했습니다. 그런데 어느 날 두 사람이 소파에 함께 앉아 있을 때, 남편이 갑작스런 심장발작으로 숨을 거두었습니다. 그녀의 팔에 안긴 채 말입니다.

처음에 친구는 충격에 휩싸여 많은 시간 동안 울었습니다. 하지만 곧 슬픔은 사라졌고, 일부러 슬픔을 찾아도 슬픔은 남아 있지 않았습니다. 주변 사람들이 슬픔은 치유의 필수적인 과정이라고 말해주었기 때문에, 계속 슬픔을 찾았고 슬퍼하는 기색을 보이려고 애썼습니다. 하지만 그녀의 정신은 슬픔을 남겨두지 않았고, 크게 달라진 것을 느낄 수가 없었습니다.

슬픈 생각이 들 때마다 그 친구는 스스로에게 물었습니다. '그것이 진실인가?' 그러고는 그 말을 뒤집어보았습니다. 그녀는 '작업'을 하며 슬픔을 씻어냈고, 슬픔의 자리에는 더 진실한 것으로 채워 넣었습니다. '그이는 가장 좋은 친구였어. 그런데 이제 함께 대화를 나눌 사람이 없어졌어.'라는 말은 '나는 나의 가장 좋은 친구야. 이제는 나 자신이 가장 좋은 친구가 되었어.'로 바뀌었습니다. '그이의 지혜가 그리울 거야.'라는 말은 '그이의 지혜가 이젠 그립지 않아.'로 바뀌었습니다. 그녀 자신이 곧 그 지혜였기 때문에, 그리워할 이유가 없어진 것입니다.

그녀는 남편을 통해 가졌다고 생각했던 것들을 그녀 자신에게서 빠짐없이 찾을 수 있었습니다. 달라진 것은 없었습니다. 그리고 남편이 그녀 자신이었다는 것이 드러났기 때문에, 남편은 죽을 수가 없었습니다.

삶과 죽음에 관해 이야기를 지어내지 않는다면, 사랑만 있을 뿐입니다. 그 친구는 그렇게 말했습니다. 남편은 늘 자신과 함께 있다고요.

삶의 충동에서 벗어나라

있는 그대로의 현실을 사랑하는 사람은 어떤 일이든 다 환영합니다. 삶, 죽음, 질병, 상실, 지진, 폭탄…. 어떤 것도 '나쁘다.'며 우리 마음을 충동질할 수 없습니다.

삶은 우리에게 필요한 것들을 빠짐없이 가져다주어, 우리가 아직 풀어내지 못한 삶의 진실들을 보여줍니다. 우리 바깥에 있는 것, 그 어떤 것들도 우리를 괴롭힐 수 없습니다. 우리 마음속의 검토되지 않은 생각들만 버린다면 어떤 곳이든 우리들의 천국입니다.

※

　'현실'은 정확히 지금 이 순간, 있는 그대로입니다. 그리고 현실은 변함없이 친절합니다. 세상에 부당한 것이 있다고 믿게 만드는 것은 현실에 대해 우리가 지어낸 이야기입니다. 우리가 지어낸 이야기는 우리의 시야를 흐릿하게 만들고 진실을 가립니다.
　괴로워할 만한 이유가 있다고 믿을 때, 우리는 현실로부터 완전히 이탈하게 됩니다. 괴로움이 타당하다고 믿을 때, 우리는 비극의 주인공이 되고 괴로움은 우리 내면에서 똬리를 틀고 터를 잡습니다.
　마음 밖에 있는 어떤 요인이 괴로움을 일으킨다고 믿는 것은 터무니없는 생각입니다. 명료한 마음은 괴로움을 모릅니다. 괴로움이 생길 수 없습니다. 신체적 고통이 아무리 커도, 사랑하는 가족이 죽더라도, 진실성 없는 생각을 믿지만 않는다면 괴로움은 남의 일일 뿐입니다. 나는 현실을 사랑합니다. 있는 그대로를 사랑합니다. 현실이 어떤 식으로 내게 다가와도 내 팔은 활짝 열려 있습니다.

※

　죽음이 두려운 것은 죽음에 관한 우리의 믿음 때문입니다.

죽음을 선물로 경험할 수 있어야 비로소 '작업'이 끝납니다. 죽음이 아직 두렵다면, 그것은 다음에 무엇을 질문해야 할지를 당신에게 알려주고 있는 셈입니다. 그 외에 달리 할 일이 없습니다. 스스로 지어낸 유치한 이야기를 믿거나, 아니면 그 이야기를 의심하는 것 중 하나입니다. 다른 길은 없습니다.

죽어서 문제가 되는 것이 있다면, 그것은 무엇입니까?

매일 밤, 우리는 눈을 감고 잠이 듭니다. 누구나 잠을 기다립니다. 그 순간을 정말 좋아하는 사람도 있습니다. 죽음에는 다른 어떤 것이 있을 거라고 지레 겁먹는 믿음만 아니라면, 죽음과 잠은 별다를 게 없습니다. 생각이 있기 전에는 아무도, 아무것도 존재하지 않습니다. 오직 평화뿐입니다. 생각이 방해하기 때문에 자신의 평화를 깨닫지 못할 뿐입니다.

죽음에 대해 깨어 있는 의식을 갖게 되면, 죽어가는 사람을 온전하게 지켜볼 수 있습니다. 그 사람이 어떤 고통을 겪는지는 중요하지 않습니다. 그런 걱정은 그 사람뿐만 아니라 우리의 행복에 전혀 도움이 되지 않습니다. 우리는 자유롭게 그 사람을 사랑하고, 그 사람을 붙잡아주고, 그 사람을 돌볼 수 있습니다. 그렇게 하는 것이 우리의 본성입니다.

두려움을 가득 안고 그 사람에게 다가가는 것은, 그에게 공포심을 심어주는 일일 뿐 위로가 아닙니다. 그 사람은 우리의 눈을 들여다보고 자신이 힘겨운 상황에 처해 있다는 메시지를 읽을 것입니다. 하지만 우리가 두려움을 버리고 평화롭게 다가가면, 그 사람은 우리의 눈을 들여다보고 무슨 일이 닥쳐도 좋은 일일 거라는 사실을 알아차리게 됩니다. 그에게 두려움과 평화 중 어떤 것을 주시겠습니까?

죽는 것은 사는 것과 아주 흡사합니다. 죽음은 자신만의 길이 있고, 우리는 그것을 어떻게 통제할 수가 없습니다. 사람들은 의식이 있는 상태로 죽음을 맞이하길 바랍니다. 하지만 그것은 덧없는 희망입니다. 지금부터 10분 동안 정신 차리고 깨어 있기를 바라는 것조차 불가능한 일입니다. 우리는 지금 이 순간만 깨어 있을 수 있습니다. 우리가 원하는 것은 모두 지금 이 순간 속에 있습니다.

있는 그대로를 바라볼 때, 나는 나라는 사람을 찾을 수 없습니다. 나의 정체가 없기 때문에, 죽음에 저항할 사람도 없습니다. 죽음은 늘 꿈꾸어왔던 모든 것이고, 거기에는 나 자신에 대한 꿈도 포함되어 있습니다.

매 순간 나는 과거 속에서 죽고, 그렇게 죽는 순간마다 새로운 삶에 대한 자각으로 다시 태어납니다. 매 순간 죽고, 매 순간 다시 태어납니다. 죽음에 대한 생각을 하면 흥분이 됩니다. 좋은 소설을 읽을 때 어떤 결말이 올까 궁금해하며 책장을 넘기듯, 죽음은 삶을 늘 설레게 만들어줍니다.

몸이 죽고 나면, 마음은 어떻게 될까요? 꿈은 끝났습니다. 나는 완전한 삶을 살았습니다. 더 이상 멋진 삶을 살 수는 없었을 것입니다. 내가 누구이든 나는 매 순간 다시 태어납니다. 지금까지의 삶이 매 순간 좋았듯이, 이 순간도 더하고 뺄 것이 없이 충만합니다.

우리는 가족을 진정으로 만난 적이 없다

부모와 자녀, 가족으로부터 자유로워지기

PART 3

우리는 가족을 진정으로 만난 적이 없다

엄마는 꼭 딸을 사랑해야 할까?

'엄마는 딸을 사랑해야 한다.' 이것은 사실일까요? 아닙니다. 낡고 고정된 생각일 뿐입니다.

엄마나 아빠, 가족에게 상처받은 기억은 모두에게 있습니다. '가족은 나를 사랑해야 한다.'는 생각을 믿을 때마다 우리가 상처받는다는 것은, 그 믿음이 진실이 아님을 보여주는 것입니다. 우리의 본질이 아니기 때문에 상처받는 것입니다.

엄마 새가 어떻게 새끼 새들을 둥지에서 끌어내는지 아시나요?
"이리 밖으로 나오렴."

이렇게 말합니다. 그것이 사랑입니다.

"사랑한다, 얘들아. 안전한 둥지 안에 있으렴."

이렇게 말하지 않습니다. 엄마 새는 말합니다.

"사랑한다, 얘들아. 훨훨 날아가거라."

엄마 새가 새끼 새들에게 주는 것 정도의 사랑은 우리도 줄 수 있습니다!

엄마가 당신을 사랑해야만 한다는 거짓말을 믿을 때마다 당신은 어떻게 행동하나요? 엄마와 당신은 서로 분리된 존재가 되고 맙니다. 엄마가 당신을 사랑해야 한다는 생각을 버리면, 엄마 앞에 있는 당신은 어떤 사람이 될까요? 있는 그대로의 엄마를 사랑하며 평화롭게 엄마 말에 귀 기울이는 사람이 됩니다.

'엄마는 나를 사랑해야 한다.'는 말을 '나는 나를 사랑해야 한다.'로 바꾸어보십시오. 나를 사랑하는 것이야말로 내가 해야 할 일입니다. 내가 나를 사랑하지 않는데, 어떻게 상대방에게 나를 사랑해달라고 할 수 있겠습니까?

내가 나를 사랑하기 위해서는, 현재에 머물러야 합니다. 지금 이 순간에 머무르면, 우리는 우리 자신과 사랑에 빠지게 됩니다. 우리 자신이 곧 진실이기 때문입니다. 그러면 엄마가 무슨 말을 하더라도, 우리 귀에 들리는 소리는 신의 목소리가 됩니다. 신은 모든 것이고, 그밖에 다른 것은 없습니다. 엄마가 신으로 보이면, 우리의 '작업'은 비로소 끝이 납니다.

부모는 문제가 될 수 없습니다. '작업'은 100퍼센트 자신이 책임지는 것입니다. 이보다 좋은 소식은 없습니다. 부모를 바꿀 수는 없는 일인데, 굳이 그렇게 하려고 시도할 필요조차 없으니까요. 자기 생각에 의문을 표시하고 검토하는 것밖에는 방법이 없습니다.

우리는 다른 사람을 행복하게 해줄 수 없습니다.

딸아이가 차를 사달라고 했습니다. 그 아이로서는 한창 힘든 시기를 보낼 때였습니다. 막 열여섯 살이 된 예쁜 아이였고, 나에게는 무척이나 소중한 아이였습니다. 하지만 그 아이는 자신에 대한 증오와 죄의식과 수치심으로 가득 차 있었습니다. 나는 이번이야말로 그 아이를 행복하게 해줄 절호의 기회라고 생각했습니다. 그래서 망설이지 않고 차를 사주었습니다. 그 아이의 친구들 중에는 차를 가진 아이가 없었습니다. 그러니 흔한 경우는 분명 아니었죠. 나는 그 차가 멋진 선물이 되리라고 생각했습니다. 그 차를 탄 딸아이의 모습을 그려보며 나는 무척 기뻤습니다.

차를 선물해주던 날, 내 심장은 흥분으로 고동쳤습니다. 그 아이로서는 평생 받아보기 힘든 선물일 거라고 생각했고, 그래서 우쭐한 마음으로 그 아이에게 키를 주었습니다. 하지만 곧 뭔가 잘못되었다는 사실을 알 수 있었습니다. 딸아이는 전혀 기쁜 표정이 아니었습니다. 그 아이가 원하던 차가 아니었던 것입니다. 나중에야 알았지만, 그 차 때문에 친구들에게 놀림을 많이 받았다고 했습니다. 내가 그 또래 아이들의 취향을 전혀 헤아리지 못했던 것입니다.

그때 나는 몰라도 한참 몰랐습니다. 그 아이가 고마워하고 기뻐하고 차를 좋아해야 한다고 생각했습니다. 그러니 당시에는 딸아이가 나에게 생트집을 잡고 있다고 생각했습니다.

하지만 결국 그 아이가 나와 다를 게 없다는 사실을 깨닫게 되었습니다. 나를 행복하게 해줄 수 있는 사람은 나밖에 없습니다. 그 아이가 자신의 행복을 찾든 찾지 못하든 그것은 그 아이의 문제였습니다. 내가 잠시 행복하지 못했던 것은 순전히 내 착각으로 인한, 내 문제였습니다.

❀

자녀를 사랑해야 한다고 생각하면, 힘든 일이 많습니다. 자책과 죄의식에 사로잡힐 때도 많습니다. 아이들을 끔찍이 사랑해야 한다고 자신을 몰아붙이면 어떤가요? 때로는 두렵고 때로는 화가 나고 때로는 제대로 베풀지 못하는 자신이 증오스럽기까지 합니다. 자신이 좋은 부모가 아니라는 생각도 듭니다.

자녀를 사랑해야만 한다는 생각에서 벗어나면 어떻게 될까요? 아이들을 사랑하든 사랑하지 않든 그것은 당신의 자유입니다. 자녀를 사랑해야만 한다는 의무감에서 벗어나면 당신은 더 훌륭한 부모가 될 수 있습니다. 당신은 사랑을 재발견할 수 있고, 아이들의 말에 귀 기울일 수 있고, 그들과 함께 어울릴 수 있습니다.

무슨 일이든 억지로 할 필요도 없고, 주변 사람들처럼 판에 박힌 부모가 될 필요도 없습니다. 생각에 의문을 제기하면, 나 자신이 아닌 다른 어떤 사람이 되려고 애쓸 필요가 없어집니다.

부모가 줄 수 있는 최고의 사랑

'내가 더 행복해지려면 내 아이들이 더 행복해져야 해.' 과연 그럴까요? 내가 보기에, 그것은 사랑이 아닙니다.

아이들을 빼버리고, 지금 이 자리에서 당신이 홀로 행복해지도록 노력하는 것, 그것이 진정한 사랑입니다. 아이들로 하여금 자기 인생을 살게 하는 것, 그것이 부모가 줄 수 있는 무조건적인 사랑입니다.

딸이나 아들, 손녀나 손자를 잃는다 해도 애초부터 내 것이었던 것을 잃는 것이 아닙니다. 더구나 그들이 이 세상을 떠난 다음 저 세상에서 더 좋은 일을 겪을지 누가 알겠습니까?

나는 신에게 이래라 저래라 하고 싶지도, 할 수도 없습니다. 나는 누구에게든 삶이 더 좋은지 죽음이 더 좋은지, 함부로 예단하고 싶지 않습니다. 내가 그것을 어떻게 알 수 있겠습니까?

어린 자녀들이 '작업'에 대해 이해할까요? 물론입니다. 아이들도 저마다 '작업'해야 할 개념들을 짊어지고 살아갑니다. 어른이나 아이나 저마다 생각과 개념을 지니고 살아가는 것은 조금도 다르지 않습니다. 생각은 나이와는 상관없습니다.

아이들은 말합니다.

"아빠가 나를 이해해주셔야 하는데."

"친구들은 내 말을 들어야 해."

"엄마랑 아빠는 싸우면 안 돼."

"네가 나를 좋아해줬으면 좋겠어."

네 살이나 다섯 살쯤 되면 아이들은 어른들이 믿는 것과 아주 똑같은 생각을 갖게 되고 스트레스를 받습니다. 새로운 생각은 없습니다. 아이들의 머리도 어른들처럼 혼란스럽습니다.

아이들은 저마다 자신이 원하는 것을 말합니다. 나는 그 말을 듣기만 합니다. 그것이 나와 무슨 상관이 있을까요? 아이들은 자신들의 바람을 표현할 뿐입니다. 그런 바람을 갖는 것은 아이들의 속성입니다. 나에게는 나의 속성이 있고 그들에게는 그들의 속성이 있습니다.

아이들이 나에게 자신들의 바람을 이야기할 때, 그것을 나와 연결 짓지 않고 그냥 듣기만 하는 일은 쉽지 않습니다. 하지만 부모라면 그렇게 할 수 있어야 합니다. 그것이 모든 자녀가 원하는 바람직한 부모의 모습입니다.

우리에게는 우리의 말을 그냥 들어주고 이해해줄 사람이 필요합니다. 우리가 서로에게 뭔가 특별한 것을 원하는 것 같아도, 우리가 진정 원하는 것은 그저 그뿐입니다.

내가 할 일은 아이들의 일에 참견하지 않고, 그들을 있는 그대로 사랑하는 것입니다.

남편이 육아일을 도와주지 않아서 불만인 아내들이 많습니다. 남편이 아이를 돌보지 않아서 당신이 해야 할 일을 제대로 하지

못했다면, 생각해보십시오. 그것이 사실입니까? 무엇이 당신을 가로막고 있나요? 어떻게 타인이 당신이 해야 할 일을 하지 못하게 방해할 수 있나요?

아이들이 당신의 일에 방해가 된다면, 당신이 아이들을 떠나면 됩니다. 아이들과 멀리 떨어진 곳으로 가서 하고 싶은 일을 하면 그만입니다. 하지만 당신은 그러지 않습니다. 아이들 곁에 머무는 것을 선택했습니다. 떠나는 것 이상의 다른 어떤 것을 바라기 때문입니다.

당신의 남편은 이 일과 아무런 관련이 없습니다. 당신은 언제든 떠날 수 있습니다. 그렇게 생각하니 기분이 좋지 않은가요? 남편 때문에 하고 싶은 일을 하지 못한다고 생각하면, 그것은 꿈속에서 길을 잃고 헤매는 것이나 다름없습니다. 당신을 꼼짝 못하게 만드는 것은, 꼼짝 못하고 있다고 스스로 지어낸 이야기 속에 갇혀 있기 때문입니다. 당신이 지어낸 꿈속에 갇혀 있기 때문입니다.

아이들 곁을 꼭 지켜야만 하는 엄마는 없습니다. 이렇게 저렇게 해야 한다는 이야기를 짓는 것을 우리가 좋아할 뿐이고, 결국 그 이야기 때문에 아이들이 버겁고, 남편이 밉고, 헤어지고, 괴로움에 치를 떠는 것입니다. 이런 거짓 이야기를 버린다면 당신이란 존재는 어떻게 될까요?

❧

당신은 당신의 연인으로, 남편으로, 아내로 가장한 '신'과 살고 있습니다. 그는 당신에게 당신의 모호한 구석구석을 보여줄 것입니다. 그는 당신이 진정한 자유를 찾기 위해 필요한 모든 것을 안겨줍니다. 그것이 사랑입니다. 당신이 당신의 연인을, 혹은 배우자를 '신'으로 볼 수 있다면, 당신의 '작업'은 아주 간단해집니다.

❧

우리는 모두 다섯 살짜리 아이나 다름없습니다. 인생을 어떻게 살아야 할지 알지 못합니다. 조금씩 그 길을 찾아 나아갈 뿐입니다.

❧

내가 내 존재를 깨우치기 이전에 종교를 갖고 있었느냐고 묻는 사람들이 많습니다. 당연히 있었습니다. 내 종교는 '아이들이 양말을 아무 데나 벗어던지면 안 된다.'는 것이었습니다. 그것이 내 종교였고, 나는 그 종교에 열심히 매달렸습니다. 물론 효과는 전혀 없었습니다. 그러던 어느 날, 내 종교를 놓고 '작업'을 하던 중 생각이 명료해지면서, 그런 종교는 진실이 아니라는 사실을 깨달았습니다. 여러 해 동안 아이들을 쫓아다니며 설득하고 잔소리하고 야단쳐봤지만, 아이들은 날마다 바닥에 양말을 벗어던졌습니다. 그것이 현실이었습니다. 양말을 줍고 싶으면 내가 주워야 한다는 것을 깨달았습니다. 아이들은 바닥에 양말을 벗어놓고도 완벽하게 행복했습니다. 누가 문제인가요? 내가 문제였습니다. 내 인생을 힘들게 만든 것은 바닥에 널브러진 양말이 아니라 그 양말에 대한 내 생각이었습니다.

그렇다면 해결책은 누구의 손에 달려 있나요? 당연히 내 손에 달려 있습니다. 방법은, 내 종교가 옳다고 고집하면서 아이들과 나 자신을 괴롭히거나, 내 종교에서 해방되어 자유롭게 되거나, 둘 중 하나였습니다.

양말을 줍는 일에는 거의 시간이 걸리지 않았습니다. 아이들에 대해 생각할 필요도 없었습니다. 그러자 놀라운 일이 일어났습니다. 양말 줍는 일이 재미있어진 것입니다. 그것은 나를 위한 일이지 아이들을 위한 일이 아니었습니다. 그렇게 생각하는 순간만큼은 양말 줍기가 하찮은 집안일이 아니었습니다. 어지러워진 바닥을 보는 것이 즐겁기까지 했습니다. 결국 내가 즐겁게 양말을 줍는 모습을 본 아이들은, 내가 아무 말도 하지 않았는데도 언제부턴가 양말을 줍기 시작했습니다.

우리는 모두 다섯 살짜리 아이나 다름없습니다.
인생을 어떻게 살아야 할지 알지 못합니다.
조금씩 그 길을 찾아 나아갈 뿐입니다.

마음이 통한다고요? 우리 가족은 마음이 잘 통합니다. 누구나 다 마루 위에 눕고, 누구나 다 걷고, 누구나 다 앉고, 누구나 밥을 먹고, 누구나 자기들의 이야기를 합니다. 그게 전부입니다.

지어낸 이야기에는 손톱만한 진실도 없습니다. 저마다 즐거운 시간을 보내는 것이고, 저마다 자신만의 영화를 상영하고 있는 것입니다. 그들은 내가 그들을 얼마나 사랑하는지, 혹은 얼마나 사랑하지 않는지, 각자 알아서 이야기를 지어냅니다. 자기 멋대로 이야기를 지어냅니다. 그러고는 마음이 통한다고, 혹은 통하지 않는다고 생각합니다.

진정한 소통

아이에게 뭔가 말을 하면, 그 아이는 당신이 한 말을 자기 식으로 해석합니다. 그것이 그 아이가 들은 이야기입니다. 당신이 한 말을 곧이곧대로 듣는 사람은 아무도 없습니다.

내 아이가 "엄마, 미워."라고 말하면, 나는 이렇게 대답합니다. "알겠다. 잠깐 생각 좀 해보마. 그동안 내가 널 어떻게 키웠는지 생각 좀 해보자. 흠, 알겠다, 내가 어떻게 해주었으면 좋겠니?"

아이가 말합니다.

"영적인 상태가 어쩌고저쩌고 그런 얘기나 계속 하세요. 더 이상 엄마랑 말하고 싶지 않아요."

그러면 나는 다정한 말투로 "이해한다." 어쩌고저쩌고 하지 않습니다. 그저 그 아이의 말을 듣기만 합니다. 그리고 내면으로 들어가 이해합니다. 그 순간에 아이들과 이해심을 공유할 필요는 없습니다. 그 순간에 "사랑한다, 얘야."라고 말하면, 그것은 그 아이의 심장에 칼을 꽂는 것이나 마찬가지입니다.

당신 아들이 당신에게 바보라고 말합니다. 그 아이의 말이 맞을지도 모릅니다! 나도 당신 아들 편을 들고 싶군요. 아이 키우는 법을 제대로 아는 사람이 어디 있을까요? 그 점에 대해서라면 우리 모두 무척 어리석습니다. 아이가 한 말은 당신이 바보라는 것뿐입니다. 왜 그 말을 놓고 싸우려 합니까? 사랑하는 사람과 다투는 것만큼 어리석은 일이 또 있을까요? 분명 다른 방법도 있는데 말입니다.

그저 이렇게 말할 수도 있습니다.

"얘야, 무슨 말을 하고 싶은 거니? 정말 바보가 된 기분이다.

너를 사랑한다. 그런데 어떻게 사랑해야 하는 건지는 잘 모르겠구나."

이 말이 당신의 진실입니다. 방법을 알고 있다면 모두 똑똑하게 행동하고 말할 것입니다. 어렵지 않습니다. 뒤집어 생각해보고, 그렇게 얻어낸 해답대로 살면 됩니다. 자신의 진짜 모습을 찾으면 아들에게 이렇게 말할 수도 있습니다.

"엄마더러 바보라고 했지? 엄마도 내가 그렇다는 걸 알았단다. 특히 너를 사랑하는 법을 몰라서 더욱 바보 노릇을 했구나. 네가 좀 도와줬으면 해. 네 이야기를 듣고 싶구나."

부모님이 내게 했으면 하고 바라던 행동을 당신 자신에게 할 수 있습니까? 부모님이 내게 주었으면 하고 바라던 것들을 당신 자신에게 줄 수 있나요? 이것은 평생을 두고 해야 할 '작업'입니다. 자신도 방법을 모르면서, 부모님은 그 방법을 알았을 거라고 생각합니다. 부모님이 내게 주었으면 했던 것을, 이제는 당신 자신에게 스스로 주십시오. 인생은 좋은 것입니다. 이제 내게는 '나 자신'이 생겼습니다.

그래서 나는, 내가 바라는 모든 것을 많은 사람들에게 주려고 노력합니다. 무척 행복한 일입니다. 다른 사람들에게 주는 것이야말로, 나 자신에게 주는 선물이라는 것을 깨우치게 되었습니다. 그리고 내 자신에게 베풀 수 없다면, 다른 사람들에게도 베풀 수 없다는 것을 알게 되었습니다.

당신에게 주는 것이 곧 나 자신에게 주는 것입니다.

당신이 다른 사람을 실망시켰다고요? 다른 사람이 당신을 실망시켰다고요? 그런 일은 있을 수 없습니다.

누군가 자기 식으로 마음에 들지 않는다는 이야기를 지어낸 것뿐입니다. 당신이 이야기를 지어내고는 당신 자신에게 실망한 것이지, 다른 사람이 당신을 실망시킨 것이 아닙니다.

엄마가 무엇인가를 해주기를 바랐는데 엄마가 안 된다고 하면, 좋습니다. 다만 그뿐입니다. 당신이 직접 그것을 자신에게 해주면 됩니다. 얼마나 편합니까? 엄마가 도와주지 않으면, 당신이 당신을 도와주면 됩니다. 엄마가 안 된다고 말하면, 당신이 그 일을 맡으면 됩니다.

지어낸 이야기로 당신은 얼마나 상처받고 있습니까?

자기 검토는 자신이 지어낸 이야기를 자신에게 돌려주는 작업입니다. 우리가 아이였을 때, 세상 사람들이 "하늘은 푸르다."라고 말하면 우리 또한 "하늘은 푸르다."라고 말합니다. 그것이 정말 사실인지 스스로에게 물어보지 않았습니다. 물어보려고 해도 방법을 몰랐습니다. 그래서 우리는 이제 시작해야 합니다.

엄마가 "하늘은 푸르다."라고 말하면, 똑똑한 아이는 내면으로 들어갑니다. 정말로 하늘이 푸를까? 아닙니다. 하늘이 푸르다는 것은 엄마의 생각일 뿐입니다. 내게는 웬일인지 그렇게 보이지 않습니다. 엄마가 알고 있는 것은, 내가 알고 있는 것과 마찬가지로 소중합니다. 엄마는 하늘이 푸르다고 말합니다. 나는 이해한다고 말합니다. 굳이 엄마에게 '하늘은 푸르지 않다.'고 애써 설득하지 않습니다. 하지만 엄마가 나에게 물어본다면 나는 말할 것입니다.

"제가 보기엔 아니지만, 엄마가 하늘이 푸르다고 하시니 저도 참 좋네요. 엄마도 맞고, 나도 맞아요."

아이에게 자신의 삶을 돌려주는 법

아이에게 그 아이 자신의 삶을 돌려주는 것, 그것이 사랑입니다. 내 아이들에게 무엇이 최선인지를 안다고 여기는 순간, 고통스러운 일들이 닥쳐옵니다. 그 생각을 버리지 않는 한, 희망은 없습니다.

아들과 나란히 앉아 말합니다.

"얘야, 얼마나 힘드니? 내가 어떻게 해줄까? 사랑한다, 얘야. 어떻게든 도울 방법이 있으면 얘기해주렴. 사랑한다. 내가 있다는 걸 잊지 말아라."

그러면서 아들의 손을 잡습니다. 그러나 두려움은 두려움을 없앨 수 없습니다. 내 고통으로 아들의 고통을 끝낼 수는 없습니다.

아들이 말합니다.

"아니에요, 엄마. 엄마는 날 도울 수 없어요. 이건 내 문제에요."

나는 아들의 말을 듣습니다. 좋습니다. 얼마나 명료한가요! 그렇게 하면 아들은 스스로를 치유할 수 있습니다. 그의 곁에는 가장 믿을 만한 스승이 함께 있는 셈입니다. 나는 아들에게 내가 그 아이의 행복의 원천이라고 가르치지 않습니다. 말도 안 되는 억지입니다. 내가 죽으면 어떻게 될까요? 아들은 행복의 원천을 잃는 건가요?

'부모님은 나를 사랑해야 해.' 그것이 정말일까요? 그런 환상은 죽여버리는 편이 낫습니다. 그런 꿈은 깨버리는 편이 훨씬 홀가분합니다. 누군가가 당신을 사랑해야 한다고 주장할 만한 이유가 있나요? 부모님이 당신을 사랑해야 한다는 생각을 하지 않으면, 당신은 어떻게 될까요? 당신은 애쓰지 않고도 당신 자신이 될 수 있습니다. 당신의 삶에 자유의 날개가 달릴 것입니다.

부모님이 나를 사랑하기를 바라는 것은, 족쇄를 차고 사는 것과 다름없습니다. 부모님이 해주셨으면 하는 것을 전부 목록으로 만들어보십시오. 그리고 스스로에게 직접 해보십시오. 지금 당장 하십시오. 그것이 진짜 삶입니다.

─────

가족의 일에 일일이 참견하지 않을 때 비로소 당신이 해야 할 일이 보이고, 당신이 행복하다는 사실도 깨닫게 됩니다.

그리고 식구들도 당신을 따라 하기 시작할 것입니다. 당신은 당신이 알고 있는 것을 전부 가르쳤고, 이제 그들은 다시 배우기 시작합니다.

나와 내 아이들에게도 그런 일이 있었습니다. 이제 아이들은 더 이상 문제를 어렵게 생각하지 않습니다. 문제가 없는 사람과 함께 있다 보니, 아이들도 문제를 붙들고 있지 않게 되었습니다.

─────

진실은 친절합니다. 당신이 자신에게 친절하면, 당신의 진실은 가족의 마음속에 깊고 빠르게 흘러들어가, 그들을 지배하고 있는 인위적인 생각과 믿음들이 저절로 사라질 것입니다.

   자신의 생각을 검토하는 습관이 생기면, 당신의 가족은 모두 스스로를 볼 수 있게 될 것입니다. 다른 방법은 없습니다. 당신의 가족은 당신의 생각이 이미지로 투사된 존재들입니다. 가족은 당신이 지어낸 이야기입니다. 다른 경우는 생각할 수 없습니다. 조건 없이 가족을 사랑하면, 당신은 비로소 자기 자신을 사랑할 수 있게 되고, 그때에야 비로소 '작업'은 완결됩니다.

   자식들이 무엇을 어떻게 해야 하느냐고 물어오면 나는 말합니다.

"잘 모르겠다. 얘야."

이렇게 말하기도 합니다.

"나도 비슷한 경우가 있었는데 이렇게 하면 효과가 있더구나. 그리고 나는 언제나 네 말을 들어줄 거야. 네가 어떤 결정을 내리든 나는 너를 사랑한단다. 너는 어떻게 해야 할지 알게 될 거야. 그리고 너는 잘못할 리 없단다. 내가 보증하마."

   그렇게 나는 내 아이들을 통해 진실을 말해주는 법을 배웠습니다.

가족은 당신이 그들을 본 그대로 당신을 봅니다. 그러니 당신은 그들 모두를 두고 '작업'을 해야 합니다. 당신은 자기 자신을 어떻게 보나요? 이것은 아주 중요한 질문입니다. 당신은 그들을 어떻게 보나요? 그들에게 '작업'이 필요하다고 생각되면, 내가 나에게 '작업'해보면 됩니다. 평화에는 두 사람이 필요치 않습니다. 한 사람만 있으면 됩니다. 그 사람은 당신 자신입니다. 문제는 당신에게서 시작되고 당신에게서 끝납니다.

'아이들은 부모를 사랑해야 한다.' 이 말은 진실일까요? 내게는 통하지 않는 말입니다. 이 문제에 대해서라면 나는 늘 포기합니다. 이런 생각 때문에 자식들에게 기대하고, 그 기대는 늘 상처를 가져오기 때문입니다. 그러니 포기하는 편이 더 낫습니다.

내 삶은 늘 내면이 중심이었습니다. 언제나 그랬습니다. 내적인 삶이야말로 내가 가장 관심 갖는 부분입니다. 내 아이들이 나를 사랑해야 한다고요? 천만에요. 내가 아이들을 사랑해야 합니다. 그렇게 살 것입니다.

특히 아이들이 전화하지 않을 때는 말입니다. 딸의 목소리를 듣고 싶으면, 내가 먼저 전화를 합니다. 나 자신을 위해서 그렇게 합니다. 그 아이는 내 문제와는 아무 상관이 없습니다. 나는 전화를 걸어, 딸의 목소리를 듣고, 에너지를 얻은 다음, 전화를 끊습니다. 나는 그 과정이 행복합니다.

∽

'가족에겐 정해놓은 규칙이 있는데 어떻게 아이들에게 관심을 끊을 수 있어?'라고 생각한다면, 그 규칙 따위는 다 잊어버리고 잘 살펴보십시오.

얼마 후, 당신이 평소에 가르쳐주었던 규칙을 아이들 스스로 지키는 것을 보게 될 것입니다! 물론 아이들이 당신 마음에 차지 않을 수도 있습니다. 하지만 아이들은 당신의 모습을 정확하게 반영하고 있을 것입니다. 아이들이 곧 당신 자신임을 증명하고 있는 것입니다.

당신이 아이들을 어떻게 해보겠다는 생각은 버리십시오. 사실, 당신이 조종할 수 없는 것은 아이들뿐만이 아닙니다. 다른 어떤 것도 사실은 당신 마음대로 조종할 수가 없습니다. 그것이 진실입니다.

∽

당신의 자녀가 당신에게 감사해야 한다고 생각하나요? 정말 그렇습니까? 당신이 얼마나 좋은 부모였는지 그들이 기억하지 못할 때는 어떻게 하죠? 그럴 때, 당신은 자녀를 어떻게 대하나요? 당신의 무조건적인 사랑을 그들이 몰라줄 때, 그들에게 무슨 말을 하나요? 당신이 해준 일들을 기억하고 고마워하길 바라는데, 그 아이들이 나 몰라라 하면 기분이 어떻습니까? 화가 나나요? 상처받습니까? 어째서 아이들이 당신에게 무심한지 알 것 같습니까?

'자식은 부모에게 감사해야 해.' 이것은 우리의 믿음입니다. 뒤집어보십시오. '내가 그렇게 좋은 부모 노릇을 할 수 있었다는 것에 대해 아이들에게 감사해야 해.' 항상 그 생각을 지니고 사십시오. 그렇게 생각할 만한 근거는 아주 많습니다. 아이들이 아플 때나 건강할 때나 곁에 있어주었고, 아이들을 학교에 데려다주었으며, 학예회에 갔고, 책을 읽어주었으며, 생일 파티를 열어주었습니다. 감사해야 하는 것도 그들의 일이 아니고, 심지어는 그런 일들을 기억해야 하는 것도 그들의 일이 아닙니다. 과거를 기억하고 싶다면, 당신 자신이 하십시오. 아이들이 기억해주길 바라지 마십시오.

'아이를 때리는 게 아니었는데!' 아이를 바라보며 그렇게 생각할 때가 있습니다. 죄의식과 수치심 때문에 다시는 이 아이를 때리지 않게 될 거라고 생각합니다. 정말 그렇습니까? 사실은 그 반대입니다. 당신은 스스로에게 죄의식과 수치심을 무기 삼

아 들이대고 있습니다. 자기 자신을 수치스럽게 여기고 탓하는 것은 내면의 폭력입니다. 당신은 자신이 한 일을 후회하며 내면에서 폭력을 행사하고 있는 것입니다.

지금은 옳고 그른 것을 따지는 단계가 아닙니다. 때릴 당시에는 당신이 생각할 수 있는 최선의 행동을 한 것입니다. 아이를 때렸어야 했다는 것을 어떻게 알 수 있을까요? 당신이 때렸다는 것으로 알 수 있습니다. 기분이 어땠나요? 좋지 않았죠? 그래서 당신은 스스로에게 폭력을 가했다는 사실을 알아차립니다. 아이를 때릴 때, 당신은 당신 자신을 때린 것입니다. 아이는 당신에게 그 사실을 가르치기 위해 인간의 모습을 하고 여기에 서 있는 신神입니다.

친구들과 가족이 당신에게 도움을 청하지 않아 섭섭하다고요? 두 번 다시 보고 싶지도 않다고요? 그렇다면 당신 생각에 물음표를 제기해보십시오. 정말 그런가요? 그리고 뒤집어보십시오. 잠깐이라도 그렇게 하면서, 자신의 말에 귀 기울이십시오. 당신이 그들보다 더 나은 점이 있다고 믿으며 가르치려 들면, 여러 가지로 불편해집니다. 그들을 탓하면서 더 괴로워하거나, 그들 덕분에 더 깊이 검토하거나, 둘 중 하나를 선택해야 합니다.

아이들과 함께 있으면 삶이 충만합니다. 아이들의 일은 아이들이 알아서 하도록 하고 참견하지 않으면, 당신 삶에 필요한 모든 것이 주어집니다.

당신이 어디에 있든 이야기를 지어내지 않으면, 당신은 풍요 그 자체입니다. 당신이 바라는 모든 것이 지금 이 순간 여기에 있습니다. 당신은 현재를 신뢰합니다. 그리고 그 신뢰가 쌓이고 쌓이면, 세상을 있는 그대로 편안하게 바라볼 수 있습니다. 굳이 참견하지 않으려 애쓸 일도 없고, 사실 참견할 일도 없습니다. 그러면서 중심이 잡혀, 아이들도 의식하지 않을 수 있고 어떤 일에도 매이지 않게 됩니다.

아이들에게 무엇이 최선인지 알지 못하는데 어떻게 이래라저래라 할 수 있을까요? 아이들이 스스로 선택한 어떤 일로 행복하다면, 그것으로 대만족입니다. 아이들이 어떤 일로 불행해진다 해도, 그것 역시 내가 바라는 일입니다. 그 일을 통해 아이들은 내가 결코 가르쳐줄 수 없는 것을 배울 수 있기 때문입니다. 나는 그런 방식을 소중하게 생각합니다. 아이들도 그 방식을 믿고, 나도 그 방식을 믿습니다.

내가 평화로워지면 모든 것이 평화로워집니다.
괴로움은 우리의 생각이 만드는 환상일 뿐입니다.
그 환상 저편을 보는 법을 깨우치십시오.

당신이 가족과 친구들에게 해왔던 충고는 결국 당신이 살아남기 위한 충고였지, 그들을 위한 것이 아니었습니다.

당신 스스로가 당신의 학생이 됨으로써, 당신은 지혜로운 교사가 될 수 있습니다. 다른 사람이 당신의 말을 듣는 것은 더 이상 중요하지 않습니다. 당신이 스스로에게 귀 기울이고 있으니까요. 남의 일에 상관하지 않고 당신 자신의 일을 할 때, 식료품을 사거나 설거지를 할 때, 숨 쉬고, 걷고, 힘들이지 않고 움직이면서, 당신은 자기도 모르게 다른 사람들에게 지혜를 속삭이게 됩니다.

자아를 실현하는 것은 너무나 멋진 일입니다. 자아실현은 자기 자신을 온전히 책임지는 일이고, 그럼으로써 자기 삶에 자유의 날개를 달아주는 일입니다. 다른 누군가가 되려고 애쓰는 것이 아니라, 우리 자신의 본성을 깨닫는 것이 자아실현입니다. 다른 사람을 통해서 만족을 찾지 않고, 자신 안에서 만족을 찾는 일이 자아실현입니다.

'내 사고방식이나 신념, 내가 풀지 못하는 문제들은 모두 부모님이 만들어주신 거야. 그러니 내 문제는 모두 엄마아빠 탓이야.' 정말 그럴까요? 절대로 그렇지 않습니다. 당신 자신에게 책임이 있습니다. 그 사실을 알게 되면 우리는 우리가 늘 바라던 완벽한 통제력을 손에 넣을 수 있습니다. 자유로워지고 싶은가요? 내면으로 들어가십시오. 내면으로 들어가는 기술만 있으면 삶의 고통은 끝이 납니다.

내가 행복해야 모든 것이 행복하다

자녀가 행복해야 당신이 행복하다면, 당신은 자신의 행복을 위해 아이들을 인질로 잡고 있는 셈입니다. 그러니 아이들 문제에서 손을 떼고, 당신의 행복에 아이들을 끼워 넣지 마십시오. 당신 스스로 행복하십시오. 그렇게 하면 당신은 아이들의 스승이 됩니다. 그들에게 행복하게 사는 법을 보여주게 될 테니까요.

내 딸 록산이 열여섯 살이었을 때, 그 아이는 술을 엄청나게 마셔댔고, 마약도 했습니다. 1986년에 내가 스스로 질문을 던지고 깨어나기 이전의 일입니다. 그 당시 나는 너무 힘겨운 상태여서 그 아이의 문제를 전혀 눈치 채지 못했습니다. 내면에서 검토가 활발하게 이루어진 후에야 나는 그 아이의 행동을 눈치 채기 시작했고, 그 문제에 대한 내 생각도 정리할 수 있었습니다.

그 아이는 내가 사준 차를 타고 매일 밤 외출했습니다. 어딜 가느냐고 물으면 무서운 표정으로 나를 쏘아보고는 문을 쾅 닫고 나가버렸습니다. 그 표정이 어쩐지 익숙했습니다. 그런 식으로 쏘아보도록 가르친 사람이 나였으니까요. 바로 내가 그런 표정으로 몇 년을 살았던 것입니다. 내 생각을 검토하기 시작하면서, 나는 그 아이와 모든 사람들의 문제에 대해 차분해질 수 있는 법을 터득했습니다. 상대방의 말을 들어주는 법을 배운 것입니다.

밤늦도록 앉아서 기다리는 일이 잦아졌습니다. 그 아이를 볼 수 있다는 특권, 단지 그것을 누리고 싶어서였습니다. 그 아이는 술에 절어 살았고, 나는 어떻게 해볼 도리가 없었습니다. 별의별 생각이 다 들었습니다. '보나마나 술에 취해 운전하고 있겠지. 사고로 죽으면 어떻게 하지? 나는 엄마고, 내가 그 차를 사주었으니까 내 책임이야. 차를 빼앗아야겠어.'

하지만 그럴 수는 없었습니다. 차는 이미 주었고, 그러니 이제 내 것이 아니었습니다. '누굴 치어서 죽게 되기라도 하면 어떡하지? 다른 차와 부딪치거나 가로등을 들이받아 저도 죽고

같이 탄 아이들도 죽으면 어떡하지?'

생각이 꼬리를 물고 이어졌지만 나는 말없이 생각을 중단한 다음, 그 생각들 하나하나를 만났습니다. 검토를 하고 나면 곧바로 현실로 돌아올 수 있었습니다. 진실이 보였습니다. 그저, 사랑하는 딸을 기다리며 의자에 앉아 있는 한 여자가 될 수 있었습니다.

사흘의 연휴 동안 줄곧 나가 있던 아이가 저녁에 들어왔습니다. 문을 열고 들어오는 아이의 표정이 얼마나 처참했던지, 차마 바로 보기가 힘들 지경이었습니다. 더 이상 독기라고는 찾아볼 수 없었습니다. 앉아 있는 나를 보더니 아이가 내 품에 쓰러졌습니다.

"엄마, 더 이상은 이렇게 살 수 없어요. 날 도와주세요. 우리 집에 오는 사람들에게 무얼 하시는지는 몰라도, 나한테도 좀 해주세요."

우리는 '작업'을 했고, 아이는 알코올 중독자 재활 모임에 가입했습니다. 술과 마약은 그것으로 마지막이었습니다. '작업'은 재활 프로그램에 큰 활력소가 됩니다. 아이는 그 후로는 문제가 생기더라도 술이나 마약을 찾지 않았습니다. 나도 찾지 않았습니다. 그저 문제를 종이에 적고, 네 가지 질문을 한 다음 뒤바꿔보며 검토했습니다.

내가 평화로워지면 모든 것이 평화로워집니다. 괴로움은 우리의 생각이 만드는 환상일 뿐입니다. 그 환상 저편을 보는 법을 알게 되면 커다란 선물을 받습니다. 내 아이들 모두가 그런 선물을 받게 되어 얼마나 가슴 뿌듯한지 모릅니다.

가족은 나의 역사다

가족은 당신이 과거에 가졌던 생각들을 다시 들려주는 메아리입니다.

⌇

왜 가족이 죽으면 안 된다고 생각할까요? 가족은 우리의 과거 이야기를 간직하는 사람들이기 때문입니다. 그들이 없다면 낯선 사람을 찾아 친한 척을 해야 하고, 우리 과거에 대해 이야기해줘야 합니다. 그래서 다른 사람들과 이야기를 나누며 상대방을 감동시키다가도, 돌아서서 스스로에게 묻습니다.

"근데, 그게 과연 맞나?"

지어낸 이야기로 상대방을 사로잡은 것입니다.

가족이 죽으면 당신의 역사가 사라집니다. 과거가 당신 곁을 떠나는 것입니다.

마음이 깨끗해지고 분명해지면, 삶의 다른 모든 것이 분명해집니다. 삶이 분명해지고, 일이 분명해지고, 돈이, 자식이, 친구와 동료가 분명해집니다. 다른 모든 것이 뒤따라 분명해집니다.

당신이 깨끗해지고 분명해지면, 원인과 결과가 분명해집니다. 이렇게 하면, 저렇게 됩니다. 길이 분명하게 보입니다.

'부모는 아이들에게 집착하지 말아야 한다.'고 말들은 하지만, 현실은 어떤가요? 부모들이 그렇게 하나요?

먼저 생각해보십시오. 부모가 아이들에게 집착하지 말아야 한다는 건 사실인가요? 그것은 사실이 아닙니다. 새빨간 거짓말입니다. 부모가 당신에게 집착하지 말아야 한다고 믿는다면, 당신은 엄마나 아빠를 어떻게 대하게 될까요? 자신이 뭐라도 되는 양 우쭐한 기분이 들 것입니다.

'부모는 아이들에게 집착하지 말아야 한다.'는 이야기를 지어내지 않는다면, 당신은 어떤 사람이 될까요? 눈을 감고, 당신에게 집착하는 엄마를 그려보십시오. 엄마의 얼굴을, 엄마의 몸 전체를 그려보십시오. 지어낸 이야기는 생각하지 말고 엄마 자체를 보십시오. 어떤 모습이 보이나요? 아름다운 인간, 당신이 진심으로 사랑하는 한 사람의 모습이 보이지 않나요? 당신이 보는 그 사실 이외에는 어떤 일도 일어나지 않습니다.

이야기에 집착하면, 당신은 한 사람을 제대로 사랑할 기회를 상실하는 것입니다.

❧

사랑하는 엄마가 아파하고 있다고 생각하면 마음이 어떻습니까? 엄마가 고통을 겪든 겪지 않든 그것은 엄마의 문제입니다. 하지만 생각은 마음대로 되지 않습니다. 차마 볼 수가 없어 방을 나가게 만듭니다. 사랑하는 사람을 두고 홀로 나가게 만듭니다. 방에 있고 싶지만, 고통스러운 생각 때문에 있을 수 없습니다.

눈을 감아보십시오. 엄마가 고통스러워한다는 생각을 하지 말고, 또 엄마가 고통스러우면 안 된다는 생각도 하지 말고, 지금 이 방 안에 엄마와 함께 있는 모습을 그려보십시오.

이제는 엄마와 함께 방 안에 있는 것이 괜찮나요? 물론 괜찮아졌을 것입니다.

나는 내 자식들과 손자, 손녀들을 존중합니다. 그러나 그들의 고통은 그들의 몫입니다. 나는 그들이 괴로워하도록 내버려둡니다. 그들은 살 수도 있고, 죽을 수도 있습니다. 나는 그들을 사랑합니다. 그것이 내가 아는 전부입니다.

나는 아이들을 진심으로 사랑하기 때문에, 아이들의 일에 참견하지 않습니다. 그저 곁에 있어줍니다. 그렇다고 무리해가면

서까지 곁에 있어주지는 않습니다. 그들이 괴로워할 때 꼭 함께 있어야 할 이유는 없습니다. 그렇다고 반드시 방에서 나가야 할 이유도 없습니다. 평화와 사랑이 있다면, 고통은 그리 오래 가지 않습니다.

부모는 아이들을 가르치려 하지 않을 때 비로소 현명해집니다.

'부모님이 나를 두고 이렇다 저렇다 판단하는 거 정말 싫어.' 정말입니까? '엄마아빠는 날 판단하면 안 돼.'라고 당신도 부모를 판단하고 있는 건 아닌가요? 그분들이 판단하는 것이나 당신이 판단하는 것이나 무엇이 다른가요? 판단을 멈추게 하고 싶으면, 당신이 먼저 판단을 하지 마십시오.

부모님이 당신을 두고 이렇다 저렇다 판단을 하고, 당신은 그분들이 그러면 안 된다고 생각할 때, 당신은 부모님을 어떻게 대합니까? 판단을 하고 하지 않고는 부모님의 몫입니다. 우리도 판단을 할 수 있고, 그 역시 우리의 몫입니다.

인류는 수천 년 동안 타인을 비판하고 판단하지 말라는 말을 귀에 못이 박히도록 들어왔지만, 우리는 여전히 판단을 합니다. 소용없는 일이라는 것을 모르시겠습니까? 그런 일로 어색해지고, 눈을 피하고, 화를 내봐도, 부모님은 여전히 우리를 두고 판단할 것입니다. 그것이 그분들이 사는 현실입니다. 개는 멍멍 짖고, 고양이는 야옹 하고, 부모님은 이렇다 저렇다 우리를 판단합니다.

내가 나를 이해하기 전에는, 부모님 말씀이 귀에 들어오지 않습니다. 무슨 말을 들어도 내 방식대로 해석합니다. 부모님의 의도와는 전혀 다른 새로운 이야기를 지어내는 것입니다. '작업'을 통해 사람들은 처음으로 부모를 알게 됩니다. 부모님이 30년 전에 돌아가셨어도 말입니다.

살아 계신 부모님에게만 '작업'을 할 수 있는 것은 아닙니다. 당신이 할 수 있는 '작업'의 대상은 살아 있는 사람에게만 한정되어 있지 않습니다. 죽은 사람이라도 마음속에 살아 있을 수 있습니다. 당신의 마음속이 당신을 치유하는 공간입니다.

식구들끼리 잘 소통할 수 있는 멋진 방법이 있습니다. 아이들에게 자신들을 괴롭히는 생각을 적게 한 다음, 그것을 읽게 하십시오. 옳고 그른 것은 없습니다. 한 문장, 한 문장 다 읽고 나면 한마디만 하십시오. "고맙구나." 그 이상은 필요 없습니다. 그것이 서로 통하는 방법입니다.

진정한 사랑이란, 들어주는 사람이 되는 것입니다. 상대의 마음을 받아들이는 것입니다. 받아들이는 것이, 주는 것입니다. 그 이상으로 소중한 것은 없습니다.

아이들이 종이에 적은 문장 하나하나를 다 받아들이셨습니까? 진실이라고 인정할 수 있는 부분이 있습니까? 변명하고 싶은 부분은 얼마나 되나요? 그런데 아이들의 의견이 당신 자신과 무슨 상관이 있나요?

이것으로 전쟁은 끝났습니다. 아이들의 마음속에서, 그리고 당신의 마음속에서.

괴로운 생각들을 적고 난 다음, 그 종이를 엄마나 아빠에게 들고 가서 끝까지 읽어보라고 한 다음, 다 읽고 나면 "고맙습니다."라고 말하십시오. 아니면 각 진술을 뒤집은 문장을 읽어드리십시오. 그러면 당신은 부모님과 완벽하게 하나가 될 것입니다. 당신이 말한 것 가운데 부모님이 아직 모르고 있는 것은 하나도 없을 것입니다. 당신이 절대로 알리고 싶지 않은 어두운 면까지 부모님은 다 알고 있습니다. 조금도 놀랄 일이 아닙니다.

아이들에게 소리를 지르고 나면 마음이 편치 않습니다. 그래서 나는 아이에게 화가 나면, 내가 그 아이에 대해 판단한 내용을 적고, 네 가지 질문을 한 다음, 뒤집어봅니다. 그러면 그 아이에게는 문제가 없다는 사실을 깨닫게 됩니다. 내가 문제였던 것입니다.

내 아이들은 내가 이런 작업을 하는 것을 정말 좋아합니다.

―

부모님에게 인정받지 못하는 사람들을 위한 명상이 있습니다. 도움이 필요한 사람은 한번 해보십시오.

먼저 눈을 감으십시오. 그리고 아빠나 엄마를 떠올리십시오. 뭔가 못마땅한 표정을 짓고 있습니다. 이제 가장 좋아하는 의자에 앉아 있는 자신을 떠올리십시오. 그는 어린 소년의 모습입니다. 팔을 벌려 그 어린 소년을 무릎에 앉히십시오. 그가 왔습니까? 그를 안고, 작은 머리에서 풍기는 머리카락 냄새를 맡고, 그 아이를 느껴보십시오. 그 아이에게 하고 싶은 말을 하십시오. 사랑한다고도 말하십시오.

그렇게 하고 나면 가장 감동적인 자각을 하게 될 것입니다. 당신은 방금 당신의 아버지를 쓰다듬어주었습니다. 아버지가 당신에게 해주기를 바라는 것을 당신이 아버지에게 해준 것입니다. 아버지의 어린 시절 모습은 바로 당신의 어린 시절 모습일 것이기 때문입니다. 이것은 오래된 뒤집어보기 방법입니다. '아버지가 나를 사랑해주었으면' 하는 바람은 '내가 아버지를 사랑했으면' 하는 바람으로 바뀝니다. 지어낸 이야기에 물음표를 붙이고 검토하면 환상이 사라집니다. 하나의 이야기가 지워지면 다음 이야기가 나오고, 그러면 더 큰 이해심으로 그 이야기와 마주합니다. 이렇게 환상은 도미노처럼 무너져 내립니다.

나는 더 이상 자식들과의 관계를 주장하지 않습니다. 자식이 아닌 한 명 한 명의 인간으로 보면 더욱더 친밀감이 생깁니다.

'작업'을 하면, 가족 안에서 생기는 문제들은 저절로 해결됩니다. 식구들은 저절로 당신을 따르게 될 것입니다. 그들을 막을 수 있는 것은 아무것도 없습니다. 당신이 가르친 대로가 아니라, 당신이 사는 모습을 보고 저절로 터득하게 됩니다. 평화로운 분위기 속에서 당신을 따를 것입니다.

시간은 아무래도 좀 더 걸릴 것입니다. 처음엔 당신을 믿지도 않을 것이고 의지하려 하지도 않을 것입니다. 당신에게 뭔가 다른 꿍꿍이가 있다고 여길 것입니다. 하지만 '작업'을 하면 그런

얄팍한 계획 따위는 사라집니다. '작업'은 있는 그대로를 사랑하는 일입니다. 사랑 그 자체로서 사는 일입니다.

결국 그들은 있는 그대로의 사랑을 믿게 됩니다. 나는 아이들에게 무슨 말이든 하고 싶은 대로 말합니다. 늘 진실로 여겨지는 것만 말하기 때문입니다. 아이들에게 나는 믿을 수 있는 사람입니다.

─ ∾ ─

아이를 때리는 엄마를 보게 되면 나는 구경만 하지는 않습니다. 그렇다고 이래라저래라 하지도 않습니다. 그 엄마는 자신의 신념에 따라 아무 검토나 의심 없이 그렇게 행동하는 것입니다.

'도대체 이 녀석은 버르장머리가 없어.' '몇 번 말해야 알아듣는 거야!' '어디서 꼬박꼬박 말대꾸야.' '엄마가 그렇게 하지 말랬지!' '엄마 말 안 들어?'

그런 신념으로 스트레스를 받기 때문에 엄마 스스로도 통제가 되지 않습니다. 그러니 당황스럽고 괴로울 것입니다. 그래서 그 엄마를 본 순간 나는, '아 저게 내 모습이구나, 아이를 때리는 저 모습, 아 저게 나구나.' 하고 깨닫습니다. 그러고는 그녀에게 다가갑니다. 문제의 원인은 엄마에게 있으니까요. 그래서 말을 붙입니다.

"속상하시겠군요. 나도 아이를 때린 적이 있어요. 나하고 얘기 좀 하실래요?"

팔짱 끼고 구경하는 것은 사랑이 아닙니다. 사랑이 있으면 서슴지 않고 다가갑니다. 이것은 엄마와 아이 모두에게 관련된 문제입니다. 엄마인 그녀를 '작업'으로 이끌고 돕는 것은 곧 아이를 돕는 셈입니다. 내 경험에 비추어보면, 마음을 비우고 아무런 계획표도 없이 진실 하나를 무기로 대처할 때가 가장 효율적인 결과를 낳습니다.

∽

생각에 물음표를 제기하고 검토를 하면, 댐은 결국 무너집니다. 서로를 가로막았던 댐이 무너지고 길이 열리게 됩니다. 방법은 간단합니다. 생각을 검토한 내용을 적고 그것을 엄마와 아빠에게 읽어드리십시오.

"엄마, 평생 엄마를 보아왔어요. 그리고 이제 나를 보기 시작했어요. 이제야 보이기 시작했어요. 내가 엄마를 내 마음대로 하려 했던 점이, 엄마를 존중하지 않았다는 점이 보이기 시작했어요. 이제야 제대로 사는 법을 배우고 있으니 조금만 참아주세요. 나도 애쓰고 있어요."

서로 얼굴과 마음을 맞대고 존재하는 것만큼 흥미로운 일은 없습니다. 부모님을 대하는 태도는 곧, 남편이나 자식을 대하는 태도로 이어집니다. 우리가 다루는 것은 사람이 아니기 때문입니다. 우리는 생각을 다루며 살고 있습니다. 말이나 생각으로 살지 말고, 있는 그대로 사십시오. 진실을 살도록 하십시오. 그러면 세상은 존재하기에 매혹적인 장소가 됩니다.

───

한번은 거실에서 두 아들이 싸운 적이 있습니다. 나는 소파에 앉아 있었고, 아이들은 나와 가까운 곳에서 싸움을 벌이고 있었습니다. 20대였으니 다 큰 녀석들이었습니다. 그런데 마룻바닥에 엉겨 붙어 주먹다짐을 해가며 소리를 지르는 것이었습니다.
"엄마, 엄마, 얘 좀 어떻게 말려주세요!"
물끄러미 보고 있자니, 다 큰 사내 둘이 친해지려 애쓰는 모습이 보였습니다. 나에겐 그 모습만이 보였습니다. 나는 사랑스런 시선으로 바라만 보고 앉아 있었습니다. 참견할 생각은 추호도 없었습니다. 그럴 수도 없었고, 얕은꾀로는 통할 것 같지도 않았습니다. 그런데 갑자기 녀석들이 눈치를 채더니 싸움을 그치더군요. 자기들 나름대로 해결책을 찾은 모양입니다. 녀석들이 대견했습니다. 그 이후로 둘이 싸우는 모습을 본 적이 없습니다.

신神으로 변장한 사람들

아이들은 우리에게 자유를 주기 위해 존재합니다. 아이들은 우리의 자녀로 변장한 신神입니다. 그 신은 우리에게 필요한 것은 무엇이든 다 가져다줍니다. 아이들과는 함께 '작업'할 것이 많이 존재하기 때문입니다. 내가 작업해야 했던 사람들, 전 남편, 엄마, 아이들은 아마 당신에게도 작업을 해야 할 대상일 것입니다. 결국, 그들은 모두 '나'입니다.

∞

자식을 앞세워 보내고 슬퍼하는 사람에겐 이렇게 말하고 싶습니다. 그것이 세상 돌아가는 방식이고, 그 문제와 다퉈봐야 마음의 지옥만 경험할 뿐이라고 말입니다.

'아이가 보고 싶어서 어떡하지?' '무슨 수를 써서라도 그 아이를 구했어야 했어.' '나는 나쁜 엄마야.' '신은 불공평해.' '그 아이 없이 내가 어떻게 살아갈 수 있을까.'

하지만 아이의 죽음은 현실입니다. 아무리 마음속에서 이런저런 생각으로 고통스러워도, 이미 벌어진 일은 어쩔 도리가 없습니다. 기도를 해도 달라지지 않고, 애걸하고 호소해봐도 소용이 없고, 자신을 탓한다 해도 자식이 살아 돌아올 리 없습니다. 뜻과 의지는 아무런 힘도 발휘하지 못합니다.

하지만 당신의 생각에 질문을 던지고, 그 질문을 뒤집어보고, 아이의 죽음이 그 아이에게 합당한, 아닌 더 잘된 일일 수도 있다는 진짜 이유를 세 가지만 찾아보십시오. 그렇게 하기 위해서는 마음을 활짝 열어젖혀야 합니다. 마음을 열지 않으면 창조적인 힘이 나오지 않고, 창조적인 힘이 없으면 현실과 다툼으로써 생기는 고통을 벗어날 길이 없습니다.

열린 마음만이 평화로 가는 유일한 길입니다. 이런 일은 일어나야만 하고 저런 일은 일어나서는 안 되는 일이라고 생각하면, 그것은 곧 신을 조종하려는 시도이고, 불행을 초래하는 길입니다.

우리는 남편도, 아내도, 엄마도, 아빠도, 자식들도 진정으로 만난 적이 없습니다. 그들에 관해 우리가 지어낸 이야기에 물음표를 제기하고 검토한 다음에야, 우리는 그들이 누구인지 조금씩 실마리를 잡기 시작합니다. 그래도 우리는 그들을 모르고, 우리 자신 또한 알지 못합니다. 우리의 존재는 우리들 각자에게 최후의 수수께끼입니다.

내 아이들은 이제 양말을 아무 데나 벗어두지 않습니다. 아이들은 조건 없이 나를 사랑합니다. 내가 상관하지 않고 가만히 있었기 때문에, 아이들은 자신들의 목소리에 귀를 기울일 수 있었습니다. 내가 되돌려놓은 것을 이제는 아이들이 되돌려놓습니다. 그들은 곧 '나'입니다. 내가 되어, 내가 믿었던 것을 이어받아 살고 있습니다.

눈에 보이는 세계는 메아리와도 같습니다. 나는 43년 동안 소리쳤습니다. 그리고 내 외침은 메아리가 되어 이제 돌아오고 있습니다. 이것은 숨을 쉬는 일과도 같습니다. 조약돌로 물수제비를 뜨는 것과도 같습니다. 잔물결이 한동안 뻗어나가더니 이제 서서히 돌아오고 있습니다.

나는 문제를 수습했고, 아이들도 이제 문제를 일으키지 않습니다. 아이들은 내가 가르친 대로 생각에 대한 애착을 많이 버리고 있습니다. 아이들은 고요함의 아름다움을 느끼고 있습니다. '작업'은 모두에게 통합니다. '작업'은 그렇게 자기 자신에게로 돌아오는 길입니다.

나는 믿음을 주는 사람입니다. 아이들은 가끔씩 그런 내 모습을 반영해주지만, 거기에 조건은 없습니다. 아이들이 나를 미워하면, 그것도 좋습니다. 아이들이 나를 사랑하면, 그것도 좋습니다. 나는 아이들이 지어낸 이야기입니다. 아이들이 이야기를 지어내지 않는다면, 나는 존재하지 않습니다.

우리는 어떻게 변화를 줘야 하는지 그 방법을 알지 못합니다. 우리는 어떻게 용서해야 하는지, 어떻게 해야 정직할 수 있는지, 그 방법을 알지 못합니다. 누가 우리에게 가르쳐줄 수 있나요? 바로 당신입니다. 당신만이 당신 자신의 유일한 희망입니다. 왜냐하면 당신이 변화되기 전까지는 어느 누구도 당신을 변화시킬 수 없기 때문입니다. 당신이 이해할 때까지 우리는 당신에게 화를 내고, 속을 썩이고, 논쟁을 일삼으며 당신에게 다가가려고 애쓸 것입니다. 그만큼 우리는 당신을 사랑합니다. 우리 자신이 그것을 의식하든 의식하지 못하든.

이 세상 전체가 사실은 당신의 일입니다. 그러니 '작업'을 실행하려면, 내면의 소리를 듣는 일부터 시작해야 합니다. 내면의 소리를 들으면 당신이 무슨 일을 해야 할지 알 수 있습니다. 내면의 소리가 '남편은 옷을 아무 데나 벗어두지 말아야 한다.'라고 말하면, 뒤집어보십시오. '나는 옷을 주워야 한다.'로 바꾸어 보십시오. 그리고 그 옷을 집어 드십시오. 일부러 애쓰지 말고 흐름에 몸을 맡기십시오. 옷을 줍는 것이 정말로 좋아질 때까지 옷을 주우십시오. 그것이 당신의 진실입니다. 깨끗이 치워야 할 건, 오직 당신의 마음뿐입니다.

살다 보면 어느 순간, 내면의 가장 깊은 곳에 자리 잡고 있는 괴로움을 찾아내어 치워버리고 싶어질 때가 옵니다. 그 괴로움을 일으키는 요인 중에서 당신의 몫이 보일 때까지 '작업'을 하십시오. 그리고 당신이 판단을 내렸던 사람들에게 가서 사과하십시오. 당신이 당신 자신에 관해 알아낸 것, 거기에 대해 어떻게 '작업'을 하고 있는지, 그들에게 말해주십시오. 진실을 말하면 자유로워집니다.

마루를 닦는 성자, 물건을 파는 성자

일과 돈,
성공으로부터
자유로워지기

PART 4

행복은 깨끗이 비워진 마음

온통 일과 돈에 관한 생각으로만 가득 찬 사람들이 많습니다. 하지만 내 마음속 생각이 깨끗이 청소되면, 일이나 돈이 어떻게 문제가 될 수 있을까요? 바꿔야 할 필요가 있는 것은 우리의 '생각' 뿐입니다. 우리가 바꿀 수 있는 것도 우리의 '생각'뿐입니다.

생각해보십시오. 이 얼마나 다행스런 일일까요.

우리에게 돈이 필요한 이유는 행복을 사기 위해서입니다. 하지만 '작업'을 하면 돈이 있든 없든 행복하게 됩니다. '작업'을 하면 돈이 그다지 중요하지 않다는 사실이 명확해집니다. 그래서 돈에 집착하지 않게 되고, 자연스레 진정한 당신 자신을 만날 수 있게 됩니다. 그리고 그것이 이 인생 여행의 목적지입니다.

　　　　　　　　　　∽

미래에 대한 두려움과 현재의 스트레스가 돈을 벌게 만드는 밑거름이 된다고 믿는 사람들이 있습니다. 정말로 그런가요? 두려움과 스트레스가 없었다면, 지금처럼, 혹은 그 이상으로 돈을 벌 수 없었을까요? 그것을 정말 확신할 수 있나요?

'나를 자극할 동기가 필요해.'라는 지어낸 이야기가 없다면, 당신은 어떤 삶을 살게 될까요? 스트레스가 없다면 당신은 어떤 존재가 될까요?

　　　　　　　　　　∽

세상에서 당신이 중요하다고 생각하며 에너지를 쏟아붓는 '일'은 모두 이차적인 것입니다.

세상은 당신이 당신의 참모습을 발견하기 위해 존재하는 곳입니다. 당신이 진정으로 해야 할 일은, 당신 자신을 있는 그대로 인정하고 받아들이는 것입니다. 당신에게 가장 중요한 일차적인 일은 마음을 비우고 자신의 참모습을 발견하는 것입니다.

물질적인 것은 우리의 생각이 만들어낸 상징입니다. 물질은 은유입니다. 물질을 외면하거나 포기해야 할 필요는 없습니다. 물질은 있다가도 사라집니다. 우리는 물질을 통제할 수 없습니다. 통제할 수 있다고 생각하겠지만, 실제로는 그렇지 못합니다.

물질에 대한 욕심을 버리고 집착을 버려야 한다고 가르치는 사람들은 좀 이상하게 생각할 수도 있습니다. 그들의 가르침대로 모든 것을 잃으면 훨씬 홀가분해질 것입니다. 하지만 그렇다고 자유로워지지는 않습니다. 우리의 생각을 두고 '작업'을 하게 되면, 큰 재산이나 무일푼이나 모두 같은 개념이 됩니다. 그러니 굳이 물질에 대한 집착을 갖고 버리고 할 필요가 없습니다. 큰 재산이나 무일푼이나 모두 같음을 깨닫는 것, 그것이야말로 자유로 가는 유일한 길입니다.

예수와 붓다는 남루한 옷을 걸치고 아무것도 소유하지 않았습니다. 자유는 그런 모습이어야 한다고 사람들은 생각합니다. 그러나 보통의 삶을 살면서 자유로워질 수는 없을까요? 지금 여기에서 자유롭게 살 수는 없을까요? 내가 당신에게 바라는 것이 바로 그런 삶입니다. 우리에게는 모두 같은 바람이 있습니다. 자유로운 삶이 그것입니다.

우리는 예수와 붓다처럼 물질을 초월하여 살 수는 없습니다. 재산이 있든 없든 물질적인 것에 애착을 갖고 있다는 것은 다행스러운 일입니다. 그렇지 않다면 모든 괴로움이 세상이 아닌, 자신의 마음에서 비롯된다는 것을 어떻게 깨달을 수 있겠습니까?

물질에 대한 집착은 애초에 존재하지 않습니다. 우리가 집착하는 것은, 물질에 대해 우리가 지어낸 이야기입니다. 차에 집착하는 것이 아닙니다. 차에 대한 우리의 생각에 집착하는 것입니다.

'멋진 차야.' '낡았군.' '완전히 박살났네.' '주행 성능이 최고야.' '출퇴근하려면 차가 있어야 해.' '차가 없으면 난처할 거야.' '내가 대단하다고들 생각할 거야.'

우리가 집착하는 것은 이런 생각들입니다. 이야기를 지어내지 않으면 차도 없습니다. 차를 소유하든 소유하지 않든 그것은 문제가 아닙니다. 차에 생각을 입히는 것이 문제입니다. '자가용으로 출근하는 사람', '버스로 출근하는 사람' 등으로 말입니다.

당신의 가슴은 지금, 노래 부르고 있습니까? 충만한 삶을 살기 위해서는 먼저 돈이 있어야 한다고들 생각합니다. 하지만 돈이 없더라도 당신의 가슴은 노래 부를 수 있습니다. 돈이 필요 없다는 의미가 아닙니다. 더 가난해지더라도, 더 부자가 되더라도, 가슴은 노래할 수 있습니다. 당신이 더욱더 당신다워질 때, 당신 자신에게로 한 걸음 더 들여놓을 때, 가슴은 노래를 부르기 시작합니다. 당신은 지금 당신 자신의 문을 두드리기 시작했습니다. 이제 막 내면의 깊은 곳에서부터 솟아난 몇 가지 질문에 답을 하였습니다.

'나는 돈이 필요해.'라는 이야기를 믿지 않는다면 당신이라는 존재는 어떻게 될까요? 돈이 필요하다는 생각을 하지 않으면 돈을 벌지 못할 거라고들 믿습니다. 하지만 진실은 그렇지 않습니다. 돈이 있는 것과, 돈이 필요하다거나 돈이 필요 없다는 생각은 아무런 관련이 없습니다. 그 문제에 관해서는 당신이 알아야 할 것이 아무것도 없습니다. 돈을 벌기 위해서나, 돈 버는 일을 그만두기 위해서, 당신이 할 수 있는 일은 아무것도 없습니다.

'작업'을 통해 나 자신을 다시 찾은 후, 나는 그동안 언제 어느 때나 필요한 만큼의 돈이 있었다는 사실을 깨달았습니다. 돈이 쪼들리거나 아예 무일푼이었을 때도, 그땐 나에게 딱 그만큼이었어야 했습니다. 더도 덜도 아닌 딱 그만큼이 나에게는 최선이었습니다. 그렇지 않았더라면 배워야 할 교훈을 얻지 못했을 것입니다.

 행복은 깨끗이 비워진 마음입니다. 깨끗이 비워진 맑은 마음은 자신이 어떻게 살아야 할지, 어떻게 일을 해야 할지, 어떤 이메일을 보내고 어떤 전화를 해야 할지 알게 합니다. 두려움 없이 자신이 원하는 일을 창조할 수 있게 만듭니다.

 돈을 안전하게 간직할 수 있다고 생각하나요? 어림없는 일입니다. 은행이 불탈 수도 있고, 나라 전체가 폭격을 맞을 수도 있습니다. 사람들은 거짓말을 하고 약속을 어기고 계약서를 악용합니다. 돈을 안전하게 지킨다는 것, 그건 정말 어림없는 일입니다.

 '나는 돈을 잘 간수해야 해.'라는 생각을 하지 않는다면, 나에게 어떤 변화가 찾아올까요? 마음이 한결 편해질 것입니다. 나아가, 두려움 없이 퍼주면 두려움 없이 들어온다는 법칙까지도 터득하게 될 것입니다.

 당신이 지금 가진 것보다 더 많은 돈은 필요하지 않습니다. 이런 사실을 이해하면, 당신의 돈은 이미 안전하게 보관되고 있다는 사실을 깨우치게 됩니다. 당신의 금고가 열릴 때 열리고 닫힐 때 닫혀야 하는 것, 그것이 최선의 안전책입니다. 그런 마음을 갖게 되면 돈 버는 일도 한결 수월해집니다.

'돈을 단단히 간수해야겠어.'라는 생각을 하면, 구두쇠가 될 수밖에 없습니다. 돈이 나갈 때도 벌벌 떨고, 들어올 때도 벌벌 떨게 됩니다. 수십억이 들어온다 해도 불안한 마음뿐일 것입니다. '돈을 안전하게 보관해야 한다'는 생각에 집착하기 때문입니다. 그런 마음은 돈을 관리하는 것이 아니라 돈의 노예가 되는 지름길입니다.

뒤집어 생각하여 '내 생각을 잘 간수했으면 좋겠어.'라는 마음으로 산다면 돈이 있든 없든 풍요롭게 살 수 있습니다. 돈은 이미 안전하게 간수되고 있습니다. 돈은 공기처럼 사방에 있습니다. 돈을 가지기 위해 애쓸 필요가 없습니다. 지금 돈이 없다면, 그건 지금 당신에게 돈이 필요하지 않기 때문입니다. 지금 가지고 있는 것 이상의 돈은 필요하지 않다는 것을 깨달을 때, 당신은 돈 문제를 넘어서서 자유로워질 수 있습니다.

'나는 일을 해야만 해.'라는 당신의 생각은 결코 사실이 아닙니다. 그런 거짓말에 매달린 탓에 우리는 우리 스스로가 주는 존재의 선물을, 그 선물이 가져다주는 기쁨을 누리지 못하고 살아갑니다. 어느 누구도 일을 해야만 하는 것은 아닙니다. '해야만 한다.'는 족쇄 같은 것은 애초에 우리 삶에 존재하지 않습니다.

'내 돈이 내 허락 없이 다른 사람에게 옮겨가면 안 돼.'라는 생각. 정말 그렇습니까? 이 역시 당신이 꾸며낸 이야기에 불과합니다. 현실은 어떻습니까? 당신의 허락 없이도 당신의 돈은 허다하게 다른 사람에게 옮겨가곤 합니다. 당연히 옮겨갑니다. 그러니 당신의 생각은 거짓입니다.

  구두쇠처럼 돈을 끌어안고 벌벌 떨다 보면, 때로는 당신이 돈의 거취를 통제할 수 있다고 생각할 수도 있습니다. 그러나 결국 당신이 지어낸 이야기에 속고 있다는 것을 증명하고 있을 뿐입니다. 돈을 통제할 수 있다는 거짓말에 속다 보면 더욱더 기를 쓰고 그렇게 하려 합니다. 세상은 믿지 못할 곳이 되고, 점점 외톨이가 되어 아무하고도 사귀려 하지 않습니다. 끔찍한 일입니다. 그리고 정말 외롭습니다.

  돈이 있을 때 우리는 자신이 구두쇠처럼 아끼고 통제했기 때문에 돈이 있는 거라고 생각합니다. 그나마 구두쇠 노릇을 했기 때문에 돈이 있는 거라고 자신에게 가르칩니다. 그것은 대단한 착각입니다. 돈이 있으니까 있는 것입니다. 우리가 통제하고 관리하기 때문에 있는 것이 아닙니다. 우리가 어떻게 하지 않아도 나무는 나뭇잎을 대지 위에 내려놓습니다. 우리도 모르게 새 생명은 태어납니다. 이것이 풍요입니다. 이런 것들을 얻기 위해 우리는 사실 아무것도 한 일이 없습니다.

마루를 닦는 성자, 물건을 파는 성자

나는 노예이며 노예의 주인이었다

지금까지 당신은 당신 자신을 진정으로 돌본 적이 없습니다. 당신은 당신의 돈만을 돌봐왔습니다. 돈을 넉넉하게 벌어서 안전한 곳에 넣어두고 나면, 그때 자신을 보살피겠노라고 결심을 합니다. 그 순간이 오면 행복해질 거라고 생각합니다. 하지만 '지금'을 놓친 당신에게 '그때'라는 시간은 절대 찾아오지 않습니다.

∽

부와 가난은 당신의 마음속에 있습니다. 단돈 10달러만 있어도 마음이 부자일 수 있고, 10억 달러를 가지고도 가난에 허덕일 수 있습니다. 마음속에 두려움을 불러일으키는 것은 돈에 관해 우리가 지어낸 이야기입니다.

자신이 가난하다고 생각한 적이 있나요? 그렇다면 당신은 사방에 풍요가 넘치는데도 눈을 감고 있는 것입니다. 옷도 입고 있고, 신발도 신고 있지 않습니까? 가난하다는 생각을 없애면, 당신은 어떤 존재가 될까요? 돈을 벌어야 제대로 살 수 있다는 생각에 지배당한다면, 당신의 삶은 어떻게 될까요?

요즘 세상에 노예가 어디 있느냐고 말하겠지만, 당신은 노예이면서 노예의 주인이기도 합니다. 당신 자신을 무자비하게 부려먹어서, 나중에는 일하고 싶은 마음이 싹 달아나게 만드는 것이 당신 자신입니다.

빈곤은 내면의 문제입니다. 뭔가를 안다고 생각할 때마다, 당신은 빈곤을 겪고 있는 중입니다.

'돈은 매혹적이면서도 위험해.' 이 말은 사실입니까? 돈은 그저 거기에 있을 뿐입니다! 돈은 사실 따분한 친구입니다. 얼굴도 얼마나 작습니까? 하는 일은 전혀 없습니다. 그냥 앉아 있기만 합니다. 생각도 하지 않고, 느낄 줄도 모르고, 아는 것도 없고, 관심 갖는 것도 없고, 좋아하는 놀이도 없습니다. 무미건조합니다. 쇳조각이고, 종잇조각일 뿐입니다.

하지만 우리는 이런 돈에게 수많은 이야기를 지어냅니다. 돈이 무슨 일을 하고 있는지, 앞으로 무슨 일을 하게 될 것인지, 어떻게 들어오고 어떻게 나가는지, 열심히도 이야기를 지어냅니다. 그렇게 우리는 스스로 천국도 만들고 지옥도 만듭니다.

이야기를 지어내지만 않는다면, 우리는 자유로울 수 있습니다. 자신의 생각에 의문을 품고 검토하는 것에 익숙해지면, 살고 죽는 것조차 관심이 없어집니다. 누군가 말합니다. "당신은 돈이 없군요." 그러면 우리는 말합니다. "아, 그래요? 몰랐습니다." 또 누군가가 말합니다. "정말 많은 돈을 모으셨습니다." 그러면 우리는 말합니다. "그런가요? 그렇군요."

내면의 세계는 이렇게 편안해집니다. 마음의 평화와 견줄 만한 것은 아무것도 없습니다.

※

지금 당신이 하는 일이 당신의 적성에 맞지 않다고 생각하나요? 당신에게는 다른 특별한 재능과 예술가적 소양이 풍부하다고 믿나요? 그렇게 생각하면 어떤 기분이 드나요?

자신의 능력에 맞는 고상한 일을 하지 못하고 있다고 느끼면, 매사가 불만일 것입니다. 일을 하더라도 흥미를 느끼지 못할 것입니다. 하고 싶은 일을 할 수 있을 때까지는 그저 건성으로 시간만 때우며 살 것입니다. 그렇게 현재를 살지 못할 것입니다.

하지만 지금 하고 있는 그 일이 당신에게 맞지 않다는 생각을 버리면 어떻게 될까요? 햄버거를 만드는 성자, 마루를 닦는 성자, 짐을 옮기는 성자, 물건을 파는 성자가 될 수 있습니다. 다른 사람들을 위하고 섬기는 자의 자리가 가장 마음에 드는 자리가 될 것입니다.

'미래를 위해 돈을 벌어야 한다.' 정말 그렇습니까? 그것은 앞날을 진정으로 위한 것이 아니라 오히려 퇴보하는 길입니다. 써도 써도 다함이 없는 샘이 내 안에 있습니다. 굳이 애쓰지 않아도 필요한 것은 그때그때 다 그 샘에서 솟아나옵니다.

야망을 성공에 대한 자극제로 여기는 사람이 많습니다. 하지만 무엇이 성공입니까? 무엇을 이루고 싶으신가요? 인생에서 할 수 있는 것은 세 가지뿐입니다. 서는 것, 앉는 것, 눕는 것입니다. 성공을 찾았나요? 그래도 당신은 여전히 어딘가에 앉아 있거나 서 있거나 누워 있을 것입니다. 서 있다가 누웠다가 다시 앉을 것입니다.

성공은 하나의 개념, 하나의 착각일 뿐입니다. 39달러짜리가 아닌 3,900달러짜리 의자에 앉고 싶으신가요? 그래봐야 앉는 것은 앉는 것입니다. 의자 대신 큰 차, 넓은 집, 사업이라는 말을 집어넣어도 마찬가지입니다. 우리는 한 번에 한 곳에만 앉아 있을 수 있습니다. 다른 의자에 동시에 앉아야 한다고 생각한다면, 그게 오히려 이상한 생각입니다!

동시에 두 가지를 원하세요? 그러면 혼란스럽고 괴로워질 것입니다. '다른 의자에 앉고 싶어.'라는 말은 거짓입니다. 당신이 원하는 것은 지금 앉아 있는 그 의자입니다. 분명합니다. 그 의자가 지금 당신이 가지고 있는 의자이기 때문입니다. 그러니 더 이상 혼란스러워할 까닭이 없습니다.

내가 이 의자, 이 자리를 원하는지 어떻게 알 수 있습니까? 내가 지금 이 자리, 이 의자에 앉아 있다는 사실로 알 수 있습니다.

∽

진실이 보이지 않나요? 두 눈 멀쩡히 뜨고도 진실이 보이지 않나요? 진실의 다른 이름은 현실입니다. 있는 그대로의 현실. 하지만 사람들은 현실 자체를 보려고 노력하지 않습니다.

지금 이 일을 하면서, 다른 일을 해야 한다고 생각하면 기분이 어떻습니까? 매우 고통스럽습니다.

'뭔가 다른 일을 해야 한다.'는 이야기를 지어내지 않는다면, 당신은 어떻게 될까요? 지금 하고 있는 일을 열심히, 제대로, 효율적으로 하게 될 것입니다. 그렇게 일하는 당신은, 그 자리에 그리 오래 있지 않아도 될 것입니다. 더 귀히 쓰임 받는 자리로 옮겨갈 것입니다.

성실함은 바닥이 없는 우물입니다. 깊고 거대합니다. 뒤집어 생각해보십시오. '나는 지금 이 일이 아닌 다른 일을 해서는 안 된다. 지금은 그럴 수 없다. 나중에는 바뀔 수 있을지언정, 지금 당장은 이 일이 좋다.'

지금 당장 좋지 않은 것이 있다면, 그것은 '지금 이 순간'으로부터 당신을 떼어놓기 위해 지어낸 이야기일 뿐입니다.

※

지금 하고 있는 일이 불만족스러운가요? 진실을 말하자면, 당신은 그 일을 좋아합니다. 부정적인 생각만 버린다면, 당신이 하고 있는 그 일이 바로 당신을 위한 일입니다. 왜냐하면, 그 일을 지금 당신이 하고 있기 때문입니다!

그저 해야 하기 때문에 억지로 하는 것이 아니라는 사실을 깨닫기만 한다면, 당신은 당신이 일하고 있는 회사를 소유할 수도 있습니다. 그 일에 대해 지어낸 이야기만 버린다면, 당신은 회사에서 환영받고 높은 보수를 받을 것입니다. 당신을 거부할 수 있는 사람은 없을 것입니다. 당신은 행동하는 사랑입니다.

※

아침에 일어나서 '에휴, 출근해야지.'라고 생각하면 삶은 전쟁터가 됩니다. 하지만 아침에 일어나서 일하러 가야 한다는 사실을 알고 별다른 마음 없이 그저 출근길에 나서면, 마음이 편해지고 일도 기쁨이 됩니다. 반대로 '에휴, 출근해야지.'라고 한숨지으며 출근해야 하는 현실과 다투고 생각이 많아지면, 당신의 사무실은 당신의 노동력을 착취하는 현장이 되고 맙니다.

마루를 닦는 성자, 물건을 파는 성자

당신이 더욱 당신다워질 때,
당신 자신에게로 한 걸음 더 들여놓을 때,
당신의 가슴은 노래를 부르기 시작합니다.

진정한 일이란 무엇인가?

돈을 벌기 위해, 사람들과 함께하기 위해, 친구들에게 과시하기 위해, 존경받기 위해 일을 한다면 그것은 진정한 일이 아닙니다. 당신을 자유롭게 하기 위한 모든 일이 당신의 진정한 일입니다.

∾

두려움은 정직성의 결핍일 뿐입니다. 그것이 전부입니다. 특별하게 생각할 것이 없습니다.

당신이 두려워하고 있는 것이 무엇인지를 종이 위에 적고, 거기에 의문을 품고 검토하면 두려움은 더 이상 일어나지 않습니다. 그래도 두려움이 생긴다면, 그것들을 친구로 삼으면 됩니다. 그러면 신기하게도 평화가 찾아옵니다.

두려움은 정직성의 결핍입니다. 거짓말을 하면 마음이 불편해진다는 것이 그 증거입니다. 삶은 단순합니다. 하지만 자기 마음을 자꾸 속이려 들면, 마음은 상처를 받습니다. 불편한 느낌은 당신으로 하여금 그것을 알아차리라는 신호입니다.

'이봐, 당신, 여기 한번 봐. 당신 마음이 불편한 바로 이 지점을 보라고. 차라리 솔직한 게 낫지 않겠어?'

마루를 닦는 성자, 물건을 파는 성자

마음이 깨끗하게 비워지면 친구나 직업, 가족이나 돈이 없어도 떳떳하게 거리로 나갈 수 있습니다. 그런 것이 없어도 완벽하게 행복해질 수 있습니다. 천국에서 풍요를 얻는 것이 아닙니다. 믿음을 넘어선 고요의 지대에서, 모든 것이 환하게 밝혀집니다. 어디로 가야 할지, 언제 어떻게 무엇을 해야 할지, 그 모든 것을 저절로 알 수 있습니다. 굳이 알려고 애쓸 필요가 없습니다.

사업에서 대단한 성공을 거두어 평생 펑펑 쓰고도 남을 돈을 손에 넣었습니다. 그렇다면 무엇을 더 가지고 싶어질까요? 행복?

돈을 열심히 벌었던 것도 행복을 위해서가 아니었나요? 이리저리 돌아가지 말고 지름길을 택하십시오. '내 미래는 돈을 얼마나 버느냐에 따라 달려 있다.'라는 이야기를 지어내지 않는다면, 당신은 어떤 삶을 살게 될까요? 틀림없이 더 행복해질 것입니다. 더 여유로워질 것입니다. 돈이 있든 없든 그것과는 상관없이 더 행복하고 여유로워질 것입니다. 돈이 있어야 얻을 수 있다고 생각했던 모든 것을, 당신은 이미 가지고 있습니다.

내 아들이 정말 중요한 레코드 계약 건을 놓고 노심초사하고 있었습니다. 그런데 아들에게 전화가 왔습니다.

"엄마, 정말 흥분되네요. 멋진 계약을 놓치고 말았어요. 그래도 기대돼요. 그보다 더 좋은 건수가 생길지도 모르잖아요."

주식시장이 도와주지 않아서 당신이 큰돈을 벌지 못했다면, 나는 오히려 축하하고 싶습니다. 주식으로 돈을 벌면 평화를 누리게 되고 진정한 행복이 보장될까요? 세상일은 원래 그렇지 않습니다. 당신의 평화와 행복은 당신이 직접 해결해야지, 주식시장이 대신 나서서 해결해주지는 않습니다. 원하는 돈을 모두 얻고 완벽하게 행복해진다면, 그다음에는 무엇을 하시겠습니까? 앉고, 서고, 눕고, 그게 전부일 것입니다.

돈에 대한 집착을 버리십시오. 그저 자애로운 엄마가 자식을 대하듯 이해심을 가지고 돈을 대하십시오. 그렇게 하면 당신의 내면에서 당신이 지어낸 돈 이야기를 목격하게 될 것입니다.

내가 돈이 많고 그 때문에 당신이 내 친구가 되었다고 고백하더라도 나는 "좋아."라고 말할 것입니다. 나는 당신이 왜 내 친구가 되었는지, 그 이유에는 관심이 없습니다. 당신의 동기는 내가 상관할 바가 아닙니다. 당신은 그래도 내 친구입니다. 내 동기만이 내가 상관할 문제입니다. 그저 내 친구가 되어줘서 고마울 따름입니다. 왜 당신이 내 친구가 되었는지는 중요하지 않습니다. 당신이 나를 위해 그곳에 있고, 당신이 나를 아껴주는 것, 그것이 현실입니다. 현실 이외의 것은 내가 알 바가 아닙니다.

당신이 내게 무언가를 요구하고 내가 순수한 마음으로 줄 수 있다면, 기꺼이 주겠습니다. 순수한 마음이 아니라면, 주지 않을 것입니다. 내가 만약 당신에게 돈을 준다 해도 순수한 마음이 아니라면, 돈으로 우정을 사는 짓이 되고 맙니다. 하지만 내 마음이 분명하면, 당신은 다시 내 내면에서 친구가 됩니다. 무엇이 우리를 묶어주는지는 내가 상관할 바가 아닙니다. 내가 당신의 목적을 안다고 생각하는 순간, 불화가 시작됩니다.

당신은 자리에 앉아서 생각합니다. '내 주식을 어떻게 해야겠어.' 그래서 검토합니다. '정말 그래야 하나? 그것을 어떻게 알 수 있을까? 아니, 사실은 알 수 없어.' 그래서 그저 되는 대로 흐름에 맡깁니다. 내키면 신문을 들춰 보고 인터넷을 뒤져 정보를 얻습니다. 그러고는 결정을 내립니다. 완벽한 타이밍입니다.

멋진 일입니다. 그 결정으로 돈을 잃을 수도 딸 수도 있습니다. 늘 그렇듯이 말입니다. 하지만 당신에게 주식을 어떻게 할 수 있는 능력이 있다고 생각한다면, 그것은 완전한 착각입니다. 그저 마음 내키는 대로 따르십시오. 좋아하는 것을 하고, 자신의 생각을 검토하고, 그렇게 행복하게 사는 연습을 하십시오.

　　　　　　　　　　∽

　자녀에게 돈을 줄 일이 생기면, '주는 것이 받는 것'이라고 한 번 생각해보십시오. 주는 것 이상으로 받는 것은 없습니다. 나중에 받게 되는 것도 아닙니다. 주는 순간에 받습니다. 그게 당신이 받는 전부입니다. 그뿐입니다. 아이들이 고맙게 생각할 거라고 기대하면, 당신은 그 선물을 받지 못할 것입니다.

　사랑은 충동적입니다. 사랑은 자유롭습니다. 나중에 그 이야기를 다시 꺼내면, 당신이 그만큼 가난하다는 사실을 실토하는 것밖에 되지 않습니다. 남들이 그 이야기를 꺼내는 것도 별다른 의미가 없습니다. 내가 베푸는 아량은 내 것이지만 남들이 그 이야기를 하는 것은 나와는 상관없는 일입니다. 내가 주는 선물, 내가 받을 수 있는 선물은 그것뿐입니다. 더 이상 기대할 것이 없습니다. 돌아올 것을 생각했다면, 그것은 온전히 준 것이 아닙니다.

마루를 닦는 성자, 물건을 파는 성자

'남편이 사업에 실패하면 안 된다.'는 이야기를 고집할 만한 이유를 하나만 대보십시오. 그런 이야기를 지어내지 않는다면, 당신은 어떤 존재가 될까요?

어느 날 남편이 말할지도 모릅니다.

"우린 망했어. 순간의 실수로 다 망해버렸어!"

그러면 당신은 말할 수 있습니다.

"괜찮아요. 실수하지 않는 사람은 없어요. 내가 옆에 있잖아요."

한편으로는 두렵고 남편이 원망스럽기도 하지만, 다른 한편에 서서 말합니다.

"사랑해요. 내가 힘이 되어줄게요."

그것이 우리의 참 모습입니다. '작업'은 추궁하지 않습니다. 남편이 실패해서는 안 된다는 이야기를 지어내지 않는다면 어떻게 될까요? 남편에게는 언제라도 돌아올 집이 있게 됩니다. 그리고 당신이 바로 그 집에 있습니다. 당신도 남편의 마음속에 그런 아늑한 집을 마련해놓았습니다. 그렇지 않은가요?

있으면 있는 대로 없으면 없는 대로

당신에게 필요한 것들이 충족되지 않았다고 생각하나요? 걱정거리를 안고 있나요? 그렇다면 지금 당신은 아직 오지 않은 미래에 대한 이야기를 지어내고 있는 것입니다.

바람이 부나요? 비를 맞으셨나요? 그뿐입니다. 바람이 불면 불고, 비가 오면 오는 것입니다. 우리는 실수를 하기도 하고 하지 않기도 합니다. 바람은 불기도 하고 불지 않기도 합니다. 그뿐입니다. 그것을 놓고 우리가 지어낸 이야기가 천국도 만들고 지옥도 만듭니다.

자신의 실수를 다른 사람 탓으로 돌리는 사람들이 많습니다. 당신은 그런 사람들과 함께 일하지 않을 수도 있고 헤어질 수도 있고 소리를 지르며 화를 낼 수도 있습니다.

누구나 실수를 할 수 있고, 그 실수 때문에 마음을 졸입니다. 그러니 자리에 앉아서 자신의 상황과 생각을 검토해봐야 합니다. 하는 만큼 당신은 평화로워집니다.

사람들이 실수해서는 안 된다고 생각하나요? 지옥에 오신 것을 환영합니다.

마루를 닦는 성자, 물건을 파는 성자

그저 마음 내키는 대로 따르십시오.
좋아하는 것을 하고, 자신의 생각을 검토하고,
그렇게 행복하게 사는 연습을 하십시오.

〜

 '나는 돈이 좀 더 있어야 해.' 이런 이야기는 당신이 가진 부를 깨닫지 못하게 가로막습니다. 필요한 것이 충족되지 않았다고 생각할 때마다, 당신은 미래의 이야기를 지어내고 있는 것입니다. 바로 지금, 당신은 당신이 가지고 있는 바로 그만큼의 돈을 갖도록 되어 있었습니다. 이것은 이론이 아니라 현실입니다.

 돈을 얼마나 가지고 있습니까? 그것이면 됩니다. 당신은 바로 그만큼 가지도록 되어 있었습니다. 돈이 없어도 좋다는 것을 어떻게 알 수 있나요? 없으니까요. 돈이 더 있어야 한다는 것은 어떻게 알 수 있나요? 더 있으니까요. 이 이치를 깨달으면 진정으로 풍요로워집니다. 직장을 구하러 다니든, 일하러 가든, 산보하든, 살림살이가 휑하든, 세상에 걱정할 일은 아무것도 없습니다.

〜

 나에게 돈이 없다면, 나는 내 살림을 유지하기 위해 무슨 일이든 할 것입니다. 어떤 일을 할 것인지 계획 같은 건 세우지 않을 것입니다. 건물 청소도 좋고, 파출부도 좋고, 무슨 일이든 즐거운 마음으로 할 것입니다. 그렇게 한 가지 일을 하다 보면 다른 일도 하게 될 것이고, 이 일 저 일로 이어질 것입니다. 어떤 일이든 나 자신을 위해 즐길 것입니다. 부자가 될 수는 없겠지만, 진정한 부자는 돈과는 관계가 없습니다.

마루를 닦는 성자, 물건을 파는 성자

당신은 언제 어디서든 어떤 직업이든 가질 수 있습니다. 당신의 굳어진 믿음 체계가 아니라면 돈은 문제가 되지 않습니다. 허름한 음식점에서 일하면서 최소생활비 정도의 임금을 받을 수도 있을 것입니다. 하지만 체면에 개의치 않고 성실하게 일하면 언젠가는 음식점의 모든 체인점을 소유할 수 있을지도 모릅니다. 사람들은 그런 성실성에 이끌립니다. 돈으로는 성실성을 살 수 없기 때문에, 사람들은 성실한 당신에게 무엇이든 기꺼이 내줄 것입니다.

나는 사람들에게 돈을 빌려주지 않습니다. 그냥 줍니다. 사람들은 빌린다고들 말하더군요. 그들이 갚으면, 그때에야 나는 빌려주었다는 사실을 알게 됩니다.

내가 얼마나 많이 가졌든, 신의 뜻은 아무것도 소유하지 않는 것입니다. 그래서 누가 와서 내 물건을 몽땅 가져간다면, 나는 신이 날 것입니다. 그렇게 되면, 내 안에 소유물에 대한 애착이 얼마나 남아 있는지 알 수 있기 때문입니다.

인생에는 오직 한 가지 즐거움밖에 없습니다. 나 자신을 풀어

헤치는 것, 나 자신을 무장해제하는 것, 벌거숭이가 되어 빈손으로 나아가는 것.

   도둑이 들어 당신의 물건을 몽땅 가져가면, 사람들은 말합니다. "저런, 안됐어. 얼마나 속상할까."

   하지만 당신은 조금도 속이 상하지 않습니다. 오히려 기쁩니다. 유쾌합니다. 그 사건은 당신에게 일어날 수 있는 모든 스트레스를 알아차리게 만들기 때문입니다. 당신은 어떤 일도 하지 않았지만, 소유물에 대한 믿음 하나를 그렇게 내려놓을 수 있게 됩니다.

   돈이 더 많으면 더 행복해질 거라고 생각하나요? 그런 생각을 하면 당신은 어떤 마음이 되나요? 당신은 그 자리에서 불행해집니다. 돈이 더 많아질 때까지 만족할 수 없을 테니까요. 돈이 많아지기를 기다리는 것보다 지금 행복하기가 훨씬 더 쉽습니다.

   '작업'은 매 순간 행복을 가져다줍니다. 시야가 넓어지기 때문에 돈 버는 방법이 분명해지고, 돈을 가지고 있다는 사실이 분명해지고, 당신이 항상 바라던 위치에 지금 있다는 사실이 분명해집니다. 이 모든 것은 생각이 달라짐으로써 얻을 수 있는 선물입니다.

지금 여기에 충실하게 존재하면, 그동안 바라던 모든 것이 당신 곁에 이미 존재하고 있다는 사실을 깨닫게 됩니다. 진정 멋진 일입니다. 여기야말로 언제나 당신이 현존하는 장소이기 때문입니다.

지금 이 순간을 산다는 것

지금 이 순간을 산다는 것은 아무런 통제나 간섭 없이 살면서, 필요한 것은 언제나 이미 가지고 있음을 아는, 충만한 상태를 의미합니다.

어질러놓아서는 안 된다고들 말합니다. 이것은 우리의 고정된 생각입니다. 어지러운 생활은 어지러운 마음으로 이어집니다. 그래서 집, 사무실, 책상을 늘 깨끗하게 유지해보려고 애씁니다. 그래도 도무지 상황이 나아지지 않습니다. 그러나 당신의 생각을 정리하면, 애쓰지 않아도 사무실과 집은 저절로 깨끗하게 치워집니다.

사장이 이렇게 말합니다.

"사무실을 일 년 동안 깨끗이 사용하면 백만 달러를 주겠네."

그래도 역시 소용이 없습니다. 방법을 모르기 때문입니다. '어질러놓은 것을 이젠 좀 치워야지.' 결심을 해도 잘 되지 않습니다. 왜 그럴까요?

생각을 먼저 깨끗이 치워야 합니다. 다른 것은 치울 것이 없습니다. 생각이 깨끗해지면, 나머지는 저절로 깨끗해집니다.

༄

풍요는 돈과 아무런 관련이 없습니다. 돈은 당신이 상관할 일이 아닙니다. 당신이 관심을 가져야 할 것은 진실입니다. 지금보다 돈을 더 많이 가져야 합니까? 그렇지 않습니다. 지금보다 돈을 덜 가져야 할까요? 그렇지 않습니다. 당신은 지금 당신이 갖게 되어 있는 돈을 정확히 갖고 있습니다.

༄

돈은 훌륭한 은유입니다. 돈은 여기에서 저기로 흘러 다닙니다. 나라를 가리지 않고, 무선이나 유선을 가리지 않습니다. 천지 사방으로 흘러 다닙니다. 돈은 정신적으로 어떻게 존재해야 하는지를 우리에게 보여줍니다. 흘러 다니는 법을 보여주고, 아무런 장벽이 없다는 것이 어떤 것인지를 보여줍니다. 어떤 형태로든 변화될 수 있음을 보여줍니다. 얼마나 쉽게 오고 가는지를 보여줍니다. 돈은 놀라운 영적 스승입니다. 돈이 하는 대로 한다면, 당신은 있는 그대로를 완벽하게 사랑하게 될 것입니다.

∽

내 경험에 비추어 보면, 자신을 깨닫는 것만큼 재미있는 일은 없습니다. 돈이 왜 필요한가요? 행복과 평화를 얻기 위해서인가요? '작업'을 하면 언제 어디에서나 있는 그 자리에서 행복과 평화를 얻을 수 있습니다. 멋지지 않나요? 돈벌이를 하면서, 집에 머무는 동안, 연인과 함께하는 시간에, 그리고 당신 자신과 홀로 있는 시간 동안에도, 행복과 평화는 지금 여기에 현존할 수 있습니다. 삶은 외적인 것이 아닙니다. 삶은 내적인 것입니다.

남김없이 사랑하라, 있는 그대로를

나 자신으로부터 자유로워지기

PART 5

나는 당신의 마음, 당신의 고향

말로 다 표현할 수는 없지만, 나는 당신의 마음입니다. 나는 당신 내면에 있는 당신 자신의 모습입니다. 나는 당신의 정겨운 고향, 바로 그곳입니다. 당신이 나를 사랑하느냐 미워하느냐는 당신이 자기 자신을 사랑하느냐 미워하느냐에 달려 있습니다. 나는 거울일 뿐입니다. 나는 거울 속에 비친 얼굴일 뿐입니다.

∞

생각을 검토하여 '작업'을 하고 난 다음의 삶은 너무나 단순하고 분명해집니다. 모든 것이 있는 그대로 최상의 상태로 보입니다. 여기에는 희망도 신념도 필요하지 않습니다. 이 세상이 그동안 당신이 꿈꾸어왔던 천국 그대로가 됩니다. 지금 이곳이 당신이 살고 있는, 우리 모두가 살고 있는, 기대 이상의, 상상 이상의 인생 무대입니다.

'지어낸 이야기'라는 여과장치를 버리면, 당신은 보다 높은 차원에서 당신 자신의 목소리를 듣기 시작합니다. 저마다 독특한 방법으로 듣기 시작하고, 저마다 놀라울 정도로 멋진 방법으로 듣기 시작합니다. 그리고 내면의 소리에는 절대로 사라지지 않는 깊은 울림이 존재합니다. 당신은 그 울림을 소중히 여기게 됩니다. 그것을 벗어나서는 결코 진정한 삶을 살 수 없다는 사실을 깨닫게 되기 때문입니다.

당신이 고통을 겪어야 마땅한지 어쩐지는 잘 모르겠습니다. 나는 내가 가는 길이 소중한 만큼, 당신이 가는 길도 존중합니다. 당신이 스스로 지어낸 이야기에 빠져서, 그 이야기를 버리지 못한다고 해도 이해합니다. 하지만 고통에서 벗어나고 싶다고 말하면, 나는 언제든지 달려가겠습니다. '작업'을 통해 당신이 원하는 만큼 깊은 내면에서 당신을 만나겠습니다. 당신이 무슨 말을 하든, 나는 당신을 만나겠습니다. 당신이 무엇을 요구하든, 들어드리겠습니다.

당신을 사랑합니다. 나는 철저하게 이기적이기 때문입니다. 당신을 사랑하는 것은 어디까지나 나 자신을 사랑하는 길입니다.

세상살이의 유일한 괴로움은 '마음의 혼란'입니다. 지금 있는 그대로의 현실과 다투면, 정신이 혼란스러워집니다. 하지만 마음을 비우고 제대로 보면, 지금 있는 그대로가 그동안 내가 바라던 것이라는 사실을 알게 됩니다. 그래서 지금 있는 그대로가 아닌, 다른 어떤 것을 원하게 되면, 당신은 자신도 모르게 큰 혼란을 겪게 됩니다.

내가 사람들을 만나 이야기를 나누는 까닭은, 엉킨 것을 풀기 위함입니다. 아주 간단한 일입니다. 실제로는 아무것도 엉킨 것이 없기 때문입니다. 사람들에게 나타난 문제들은 모두 지어낸 이야기뿐입니다. 그리고 그 지어낸 이야기마저도 사실은 존재하지 않습니다.

'작업'을 하다 보면, 본래의 우리 모습으로 돌아가게 됩니다.

그동안 믿었던 것들을 하나하나 검토해가다 이해할 수 있는 수준에 이르면, 다른 믿음이 고개를 듭니다. 그러면 그것을 해결합니다. 이렇게 잘못된 믿음의 고리를 풀어 나갑니다. 풀고 또 풀어 나갑니다. 어떤 지점에 이르면, 모든 생각과 느낌, 사람과 생활을 친구처럼 대하고 있다는 사실을 깨닫게 됩니다. 그러다 몇 년이 지나면, 그동안 당신 삶에서 문제가 있었던 적은 한 번도 없었다는 사실을 깨닫게 됩니다.

―――

 '작업'을 하면, 우리의 생각이나 지어낸 이야기가 어떤 식으로 우리를 괴롭히는지 알게 됩니다. 이야기를 지어내기 전까지는 평화를 누릴 수 있습니다. 하지만 한 생각이 들어오고 그것을 믿게 되면, 평화가 사라집니다. 마음이 답답해지는 것을 알아차리고, 그 이면에 숨어 있는 이야기에 의문을 품고 검토하면, 그 생각이 진실이 아님을 알게 됩니다.
 스트레스는 지금 있는 그대로의 모습을 거부할 때 생겨납니다. 거짓된 생각을 믿고 있다는 사실을 깨닫게 되면, 지어낸 이야기에서 빠져나올 수 있습니다. 그러면 밝은 의식의 빛 속에서 이야기가 사라져가고, 있는 그대로의 실상만 남게 됩니다.
 지어낸 이야기가 사라지면 우리는 본래의 평화로운 상태로 돌아갑니다. 적어도 다음 번 이야기가 등장하여 스트레스를 주기 전까지는 말입니다. 하지만 '작업'을 계속하다 보면, 내 안에서 일어나는 생각과 지어낸 이야기에 대한 검토가 자연스럽고 활발하게 진행되어 늘 깨어 있는 사람이 될 수 있습니다.

◈

나는 있는 그대로를 사랑합니다. 내가 영적인 사람이어서가 아니라 현실과 맞서면 상처를 받기 때문입니다. 세상의 어떤 생각으로도 현실을 바꿀 수는 없습니다. 내게 필요한 것은 빠짐없이 이미 여기에 존재합니다. 내가 원하는 것이 사실은 필요치 않다는 것을 어떻게 알 수 있을까요? 그것이 지금 내게 없다는 걸로 알 수 있습니다. 필요한 모든 것은 이미 주어져 있기 때문입니다.

고양이에게 개처럼 짖는 법을 가르치는가?

현실을 뜯어 고치려고 하는 것은, 고양이에게 개처럼 짖어대라고 가르치는 것과 다를 바가 없습니다. 아무리 애를 써도, 결국 고양이는 당신을 쳐다보며 "야옹" 할 것입니다. 현실이 지금과 다르기를 바라는 것은 가망 없는 일입니다. 고양이에게 개처럼 짖는 방법을 가르치려고 하다가 평생을 낭비할 수도 있습니다.

내리막 없는 오르막은 있을 수 없습니다. 왼쪽 없는 오른쪽은 있을 수 없습니다. 이것이 이원성입니다. 당신에게 문제가 있다면, 당신은 이미 해결책을 쥐고 있습니다. 너무나 당연합니다. 진짜 문제는, 정말로 문제를 풀기를 원하느냐, 아니면 영원히 엉킨 상태로 살고자 하느냐입니다. 해결책은 늘 여기에 있습니다. '작업'이 해결책을 찾는 데 도움을 줄 수 있습니다. 문제를 적고, 의문을 표하고, 뒤집어보십시오. 해결책이 보일 것입니다.

존재하지 않는 것을 바라게 되면, 이미 존재하는 것과 멀어지게 됩니다.

두려움의 원인은 두 가지뿐입니다. 하나는, 이미 가진 것을 잃어버리지 않을까 하는 생각이고, 또 하나는, 원하는 것을 얻지 못하는 건 아닐까, 하는 생각입니다. 어느 쪽이든, 일어날 수 있는 최악의 경우는 당신이 지어낸 이야기입니다. 당신에게 필요한 것이라면 어느 누구도 그것을 빼앗아갈 수 없습니다. 누구도 당신이 필요로 하는 것을 가져갈 수는 없습니다. 하지만 꼭 필요하다는 생각은 당신이 스스로 지어낸 이야기입니다. 그 이야기는 당신에게 고통을 주는 거짓말일 뿐입니다.

남김없이 사랑하라, 있는 그대로를

느낌은 생각의 짝꿍입니다. 둘은 왼쪽과 오른쪽처럼 늘 붙어 다닙니다. 생각이 떠오르면 동시에 느낌이 따라옵니다. 그리고 불편한 느낌은 요란한 알람시계처럼 말합니다.

"당신, 꿈을 꾸고 있군 그래."

이것은 당신이 자신의 생각에 물음표를 붙일 시간이라는 뜻입니다. 그뿐입니다. 하지만 알람시계 소리를 무시하면서 그 느낌을 억누르고 조작하려 애를 쓰는 경우가 적지 않습니다.

대개는 생각보다 느낌이 먼저 옵니다. 느낌이 보내는 알람 소리에 귀를 기울이십시오. 알람 소리는 생각에 골똘히 잠겨 있는 당신을 깨우는 소리입니다. 그 소리를 듣고, 지금 하고 있는 불편한 생각에 '작업'을 시도하십시오.

우울, 고통, 두려움은 일종의 선물입니다. 그 선물들은 당신에게 말을 겁니다.

"이봐. 지금 하고 있는 생각을 좀 들여다봐. 넌 지금 이야기에 파묻혀 살고 있잖아. 그건 진실이 아니야."

거짓된 삶을 살면 스트레스를 피할 도리가 없습니다. '작업'으로 거짓된 생각들에 의문을 제기하고 검토에 들어가면, 예외 없이 본모습으로 돌아오게 됩니다. 당신의 자아는 선택사항이 아닙니다. 당신은 사랑입니다. 당신을 당신이 아닌 어떤 존재로 믿고서, 사랑이 아닌 '지어낸 이야기' 속에서 살면, 상처를 받습니다.

～

　당신이 있어야 할 본연의 자리에서 벗어나면, 당신은 즉각 분리감과 외로움, 두려움을 겪게 됩니다. 외롭고 슬프다면, 스스로에게 물어보십시오.
　"지금 내가 누구의 일에 정신을 팔고 있는 거지?"
　당신의 일이 아닌 다른 사람의 일에 쓸데없이 관심을 갖고 있다는 것을 알아차리기만 해도, 당신은 당신의 멋진 자아로 돌아갈 수 있습니다. 얼마나 아늑하고 멋진 곳입니까? 집으로 돌아오신 것을 환영합니다.

～

　물리적인 문제는 없습니다. 오직 마음의 문제일 뿐입니다.

～

　나는 당신입니다. 나는 당신과 단단히 결합되어 있기 때문에, 당신이 숨을 쉬면 내가 숨을 쉬는 것입니다. 당신이 앉아 있으면 내가 앉아 있는 것이고, 당신이 무슨 말을 하면 바로 그 순간 내가 그 자리에 있습니다. 나는 당신을 소유하고 있고, 당신은 나를 소유하고 있습니다. 당신의 목소리는 곧 나의 목소리입니다. 그리고 그 목소리는 나에게 아무런 의미가 없습니다. 그래서 어떤 편견이나 이질감 없이, 나는 당신이 누구이든 당신과 하나가 될 수 있습니다.

―

어떤 생각에 집착하는 것은, 그 생각을 사실로 믿는다는 의미입니다. 우리는 자신의 생각에 의문을 품어보지 않은 채, 그 생각이 사실이라고 추정하곤 합니다. 전혀 알지 못하면서도 사실이라고 믿어버리기 일쑤입니다.

집착에는 목적이 있습니다. 우리 스스로가 이미 진실 그 자체임을 깨닫지 못하도록 방해하려는 것입니다. 우리가 집착하는 것은 어떤 사물이나 사건이 아니라, 사물이나 사건에 대해 우리가 지어낸 이야기입니다.

―

생각은 적이 아니라 친구입니다. 생각은 그냥 생각일 뿐입니다. 생각은 그냥 나타납니다. 생각은 순진무구합니다.

우리는 생각을 하지 않습니다. 생각이 저절로 일어날 뿐입니다. 그러니 '생각하다.'라는 말보다는 '생각이 난다.'라는 표현이 더 진실에 가깝습니다.

생각은 개인의 것이 아닙니다. 생각은 산들바람과도 같고, 나뭇잎이나 빗방울과도 같습니다. 그렇게 생각은 일어납니다. 우리는 생각과 친구가 될 수 있습니다. 빗방울과 다투시나요? 빗방울이 개인의 것이 아니듯이, 생각도 개인의 것이 아닙니다.

하지만 우리는 생각을 개인의 것이라고 여기고, 생각에 집착합니다. 생각에 물음표를 붙이십시오. 이해심을 가지고 생각을 만나십시오. 당신에게 고통을 주는 생각을 만나면, 이해하려 애쓰십시오. 그렇게 노력하면, 다음에 또 다른 생각이 나타날 때는 재미를 느끼게 될 것입니다. 예전에는 악몽이었지만 점점 그 생각들이 재미있어질 것입니다. 그러다 언젠가는 그것조차 눈치 채지 못하게 될 것입니다. 그때야 비로소 집착이 사라진 것입니다.

나는 내 아이들을 만나듯이 생각을 만납니다. 사랑과 자상함으로 조용히 이해하면서 생각을 만납니다.

존재하지 않는 것을 바라게 되면,
이미 존재하는 것과 멀어지게 됩니다.

'생각'을 친구처럼 만나라

자기 자신에게 질문을 던지다 보면 결국 자신을 되찾을 수 있게 됩니다. 제대로 한 번 현재에 있어본 적이 없이, 평생을 남의 일에만 관심을 가지며 살았다는 것을 깨닫게 됩니다.

～

내가 당신과 함께 '작업'에 대해 이야기하는 까닭은, 당신이 자신에게 '작업'이 필요하다고 생각하기 때문입니다. 하지만 나는 그렇게 생각하지 않습니다. 나는 지금 이대로의 당신을 좋아합니다. 나 자신에게 당신은, 있는 그대로의 당신입니다.

당신은 나의 내면의 삶입니다. 그러니 당신의 질문은 곧 나의 질문입니다. 나는 나 자신의 자유를 위해 스스로에게 묻습니다. 이것은 자기애自己愛입니다. 자기애는 언제나, 완벽하게 욕심이 많습니다. 넘치도록 욕심이 많습니다.

～

당신이 어디에서 왔든, 나는 당신과 만나기 위해 항상 당신의 입장에서 출발합니다. 그래서 내가 하는 말이 모순처럼 여겨질 때도 있을 것입니다. 나는 여러 방향에서 오지만, 그 모든 방향은 전부 진실입니다. 축지법을 쓰는 것 같기도 하고, 자기 꼬리를 물기 위해 뱅뱅 도는 강아지 같기도 합니다. 목적지도 없는 것 같고, 수수께끼 같은 말도 합니다. 한 가지 입장에서 보면 이해할 수 없기도 하고, 헷갈릴 때도 많습니다.

'작업'의 장점은, 내가 어떤 사람과 이야기를 해도 그 사람과 아주 가깝게 밀착되어 있기 때문에 상대방이 내 말을 오해하지 않는다는 점입니다.

나에게 깨달음을 얻었느냐고 묻는 사람들이 있습니다. 나는 깨달음이 무엇인지 모릅니다. 나는 그저 이것은 상처를 주고, 저것은 그렇지 않다는 것을 분별할 수 있을 뿐입니다. 나는 있는 그대로를 알고 싶을 뿐입니다.

떠오르는 생각을 친구처럼 만나게 되면 마침내 자유로워졌다는 사실을 깨닫게 됩니다. 그 순간이 내 안에서 '작업'이 시작되고 끝나는 자리입니다.

'작업'은 말합니다.

"남김없이 사랑하라, 있는 그대로를."

그리고 '작업'은 그 방법을 보여줍니다.

지혜는 상처를 주는 것과 그렇지 않은 것의 차이를 분별할 줄 아는 것에 지나지 않습니다. 그 둘을 분별하게 되면, 엄청난 자유를 누릴 수 있습니다. 옳고 그름을 판단하라는 말도, 옳은 일을 하라는 말도 아닙니다. 단지 '작업'은 자신을 하찮게 여기는 일을 그만두고, 자각을 통해 지금 이 자리에서 충만해지라고 가르쳐줍니다. 어떤 길은 고통으로 통하고, 어떤 길은 평화로 통합니다. '작업'은 그 길을 분별할 수 있도록 이끌어줍니다.

⁓

   세계는, 세계를 바라보는 당신의 인식입니다. 안이 검으면 바깥도 검고, 바깥이 검으면 안도 검습니다. 안과 밖은 항상 일치합니다. 안과 밖은 서로를 반영합니다. 세계는 당신의 마음이 반영된 이미지입니다. 당신이 내면에서 혼돈과 어지러움을 경험한다면, 외부 세계는 혼돈과 어지러움을 그대로 비추어 보여줍니다.

   당신은 자기 자신을 찾으려고 하면서도, 혼란스런 생각을 버리지 못합니다. 때문에, 당신이 믿는 것을 제대로 봐야 합니다. 당신은 모든 것을 당신 방식대로 해석합니다. 당신이 혼란스럽다면, 당신이 보고 듣는 것도 혼란스러울 수밖에 없습니다. 예수나 붓다가 당신 앞에 있다고 해도, 당신의 귀에는 혼란스러운 말만 들릴 것입니다. 당신의 '혼돈'이 듣기 때문입니다. 당신은 그들의 말을 듣는 것이 아니라 당신의 생각에 물든 말을 듣는 것일 뿐입니다. 하지만 당신이 지어낸 이야기에 물음표를 제기하고 검토하게 되면, 혼돈을 이겨낼 수 있습니다.

우주에는 실수가 없다

내가 알아차리든 알아차리지 못하든, 신神의 의지는 곧 나의 의지입니다.

∽

당신은 당신 주변의 사람에게 무엇이 최선인지를 알고 있다고 생각합니다. 하지만 그것은 당신이 상관할 일이 아닙니다. 그래봐야 걱정, 근심, 두려움이 뒤따를 뿐입니다. 관여하지 말아야 할 일에 관여할 때, 당신은 그 사람보다, 아니 심지어 신보다 당신이 더 잘 안다고 생각하게 됩니다.

하지만 정작 물어야 할 질문은 이것입니다. '나는 나 자신에게 무엇이 옳은지 과연 알고 있는가?' 이런 질문이야말로 당신이 해야 할 본연의 일입니다. 그리고 그것을 결국 알게 된다고 하더라도, 그것조차 당신의 일이 아닙니다.

∽

내가 '작업'을 좋아하는 이유는 '좋은 상태'와 '그저 그런 일상적인 상태'가 똑같다는 것을 알아차리게 되기 때문입니다. 이 상태가 저 상태보다 더 나을 것이 없습니다. 더 이상 무엇을 얻기 위해 애쓸 일도, 그렇다고 무엇을 외면할 일도 없습니다. '작업'

이 좋은 것은 바로 그 때문입니다. 우리가 어떤 처지에 있든, 문제가 되지 않습니다. 날마다 좋은 날이기 때문입니다.

'교사敎師'라는 단어에는, 우리가 모두 똑같은 지식이나 지혜를 가지고 있는 것이 아닌, 누가 누구를 가르친다는 의미가 담겨 있습니다. 하지만 그것은 진실이 아닙니다. 우리는 누구나 똑같은 지혜를 가지고 있습니다. 완전히 동일하게 지혜를 나누어 받았습니다. 당신 자신 말고 당신을 가르칠 수 있는 사람은 없습니다.

나를 가리켜 교사나 스승이라고 하는 사람들이 있지만, 그런 말은 나에게 전혀 어울리지 않습니다. 당신은 나에게 질문하고, 나는 대답을 합니다. 당신은 당신 자신의 생각을 덧입힌 내 말을 듣고 자유로워집니다. 스스로 자유의 날개를 다는 셈입니다.

나는 당신이 투영된 모습입니다. 당신에게 나는, 나에 대해 당신이 지어낸 이야기입니다. 그 이상도 이하도 아닙니다. 내가 얼마나 멋진지, 내가 얼마나 한심한지, 당신은 이야기를 지어냅니다.

당신은 나를 깨달음을 얻은 사람, 도를 깨친 구루, 믿음직한

대모代母로 생각하기도 하고, 뉴에이지의 영적 스승으로 보는가 하면, 그저 대화를 나누는 친구로 여기기도 합니다. 나는 당신이 나를 있는 그대로 보아주기를 바랍니다. 그것이 가치가 있습니다. 당신은 나를 당신에게 필요한 사람, 혹은 불필요한 사람으로 대합니다. 아무래도 좋습니다. 나는 그저 당신이 원하는 것을 원할 뿐입니다.

 있는 그대로를 보는 것 말고는, 그 어떤 것도 닮으려고 애쓸 필요가 없습니다. 그저 바보가 되면 됩니다. 사랑 이외에는 어떤 것도 알지 못하는 바보.

 바보는 언제나 기쁘기만 한 신神입니다. 바보 신은 어떤 일도 중요하게 여기지 않고, 어떤 일도 비밀스럽게 감추지 않습니다. 솔직하게 다 드러내면서도 수치스럽게 여기지 않습니다. 어떤 일도 밀어붙이는 법 없이 느긋합니다.

 누구도 '잘못된 결정'을 내리는 일은 없습니다. 당신은 단지 어떻게 결정을 내리는지를 놓고 지어낸 이야기를 경험할 뿐입니다. 나는 이렇게 묻습니다.

 "숨을 일부러 쉬세요?"

숨을 일부러 쉰 것이 아니라면, 일부러 생각한 것도, 일부러 결정한 것도 아닙니다. 숨 쉬는 일이나 바람 부는 것처럼 움직여야, 진짜로 움직이는 것입니다. 당신이 '어떻게' 그 일을 하고 있는지를 놓고 이야기를 만들어내면, 당신은 자신이 완벽하게 흐르는 자연 그대로라는 사실을 알아차리지 못합니다.

당신이 결정해야 한다는 이야기를 지어내지 않는다면 어떻게 될까요? 결정을 내리는 것이 당신 자신에게 진실된 일이라고 믿는다면 그렇게 하십시오. 그러면 어떻게 될까요? 5분 안에 당신은 마음을 바꾸어, 그 모든 이야기를 지어낸 것이 자신이었음을 알아차리게 될 것입니다.

나는 하나의 인격체로서, 한 명의 인간으로서, 현실을 살아가는 사람으로서, 신으로서, 바위로서, 나무로서 이야기합니다. 세상과 나 사이에는 분리의 벽이 존재하지 않습니다. 나는 세상의 모든 것이고, 내가 아닌 것은 하나도 없습니다.

나는 사람들과 거리감을 두지 않고 말하는 방법을 터득했습니다. 나는 상대방의 입장에서 말하고, 그들은 자신들의 처지를 따지지 않고 한결같이 대하는 나를 믿습니다.

어떻게 그렇게 할 수 있느냐고요? 내가 사랑에 빠졌기 때문입니다. 열정으로 가득하기 때문입니다. 기쁨으로 넘치기 때문입니다.

　아무런 조건 없이 사람을 대하는 것은, 아무런 조건 없이 나 자신을 만나는 것과 같습니다. 세상에 이보다 간단한 방법은 없습니다. 나는 이 사랑놀이에 늘 매혹됩니다.

　나는 모든 것과 사랑을 나누고 있습니다. 나는 내가 걸어 다니는 땅에 입맞춤을 합니다. 어디에 있든 그곳이 곧 나 자신이기 때문입니다.

─────

　결정은 쉽습니다. 쉽지 않은 것은, 결정에 관해 당신이 지어낸 이야기입니다. 비행기에서 뛰어내려 낙하산 줄을 잡아당겼는데 펴지지 않습니다. 덜컥 겁이 납니다. 예비 낙하산 줄을 당깁니다. 역시 펴지지 않습니다. 더 이상 잡아당길 줄이 없습니다. 이젠 당신이 내려야 할 결정은 없습니다. 결정할 일이 없으면 두려움이 없고, 그저 내려가는 것만 즐기면 됩니다. 그것이 내 입장입니다.

　나는 있는 그대로를 사랑합니다. 잡아당길 줄이 없는 것은, 있는 그대로의 현실입니다. 그것은 이미 벌어지고 있는 현실입니다. 자유낙하. 당신에게는 더 이상 할 일이 없습니다.

나는 현실을 사랑합니다. 있는 그대로의 현실을 사랑하면 자유와 힘을 얻기 때문입니다. 내가 원하는 것이라고는, 있는 그대로의 모습뿐입니다. 상황을 바꾸기 위해 계획을 세우다 보면 내 자신이 더 왜소해질 뿐입니다. '지금 이대로는 안 되겠어.' 같은 간단한 생각도 우리에게 스트레스를 줄 수 있습니다. 그 생각들은 빤한 거짓말이기 때문입니다.

죽음을 맞는 자리에서도, 나는 괜찮다고, 다 괜찮다고 말할 것입니다.

내 경험으로 보건대, 내 삶은 완전합니다. 우리 모두가 그렇습니다. 나는 평화 속으로 걸어 들어갑니다. 나는 아무것도 모릅니다. 어떤 것도 알 필요가 없습니다. 나는 편견과 오해로 물든 생각을 하며 43년을 살았습니다. 그리고 이젠 그런 삶을 버렸습니다. 오직 모를 뿐입니다. 이제 내 삶에서는 오직 평화와 기쁨만이 존재합니다. 내 앞에 펼쳐진 모든 것을 바라보는 절대적인 충만감이 있을 따름입니다.

나는 자유롭습니다. 내 경험상 그렇습니다. 나는 내 생각에 질문을 제기하고, 그 생각이 실체가 없다는 것을 알게 되었습니다. 내 존재는 이해의 기쁨으로 밝게 빛납니다. 나는 고통을 알고, 기쁨을 알고, 내가 누구인지를 압니다.

나는 선善입니다. 우리 모두가 선입니다. 세상에는 어떤 해로운 것도 없습니다. 충동적으로 개미를 밟으려고 하다가 멈칫하고는 먼저 그런 마음을 낸 나 자신을 죽입니다. 살아가는 법을 터득했기 때문입니다. 나에게는 지어낸 이야기도 없고, 걱정거리도 없습니다. 할 일도 없고, 갈 곳도 없고, 이루어야 할 목표도 없고, 과거나 미래도 없습니다. 모든 것이 옳게 느껴집니다. 날마다 좋은 날입니다.

연민의 감정은 어떤 모습일까요? 장례식장에 갔다면, 그저 식사만 하십시오. 무엇을 어떻게 해야 할지 알려고 하지 마십시오. 할 일이 저절로 나타납니다. 누군가 당신의 품 안으로 올 것입니다. 그러면 그때 할 일이 무엇인지 알 수 있습니다. 당신이 나서서 하는 것이 아닙니다. 연민의 감정은 무엇을 행하는 것이 아닙니다. 거기에 대해 생각하려고 애쓰지 마십시오. 그저 식사만 하십시오.

고통으로 마음이 통하면, 그저 서 있거나 앉아 있을 것입니다. 고통이 없어도, 서 있거나 앉아 있을 것입니다. 하지만 마음이 통하면 편안하고, 통하지 않으면 편안하지 못할 뿐입니다.

오직 이 순간(이 순간도 실은 붙잡을 수 없는 것이지만)에만 당신은 현실 속에 존재합니다. 누구나 순간에 사는 법을 배울 수 있습니다. 누구나 자기 앞에 놓인 '있는 그대로'의 모습을 사랑하고, 있는 그대로의 자기 자신을 사랑할 수 있습니다.

사랑의 기적은, 순간순간 현실의 모습을 하고 다가옵니다. 마음이 다른 어딘가에 가 있으면, 당신은 삶 자체를 잃는 것입니다.

나는 모든 것을 슬로모션으로 경험합니다. 정확히 말하자면 모든 것을 한 장면, 한 장면씩 경험합니다. 신문에 나오는 네 컷짜리 만화처럼 말입니다. 이 말을 하는 한 컷, 저 말을 하는 한 컷, 그렇게 경험합니다. 말 한마디 한마디가 내게는 한 장면입니다. 매 순간이 한 장면입니다.

매 장면은 그 자체로 하나의 우주입니다. 그리고 그 장면은 다른 어떤 장면과도 연결되지 않습니다. 그 자체로 전체입니다. 그 자체로 하나의 우주, 쪼갤 수 없는 완벽한 존재입니다.

걸을 때도 마찬가지입니다. 한 걸음 내딛는 움직임은 그 자체로 완벽합니다. 한 번에 한 걸음이지만, 실제로 그 움직임은 걸음걸음 사이에서도 역시 모든 것입니다. 지금. 지금. 지금. 지금. 문자 그대로 시간도 공간도 없고, 과거도 미래도 현재도 없고, 오는 사람도 가는 사람도 없습니다. 지금 있는 그대로, 그뿐입니다. 어떤 의미도 없습니다. 어떤 동기도 없습니다. 그리고 마침내 당신은 아무것도 움직이지 않는 곳에 도달합니다. 그곳이 집입니다. 내내 갈망해온 곳, 고요의 지점, 우주의 중심입니다.

마음을 위한 집

아이들과 나 자신의 몸을 위해 우리는 집을 삽니다. 차를 위해서 차고도 마련합니다. 개를 위해서 개집도 만듭니다. 하지만 우리는 마음을 위해서는 집을 마련해주지 않습니다.

마음은 언제나 찬밥 신세입니다. 우리는 그것을 부끄러워하고, 자책하고, 수치스러워합니다. 하지만 마음이 질문을 던지면, 가슴은 대답을 들려줍니다. 그러면 마음은 가슴에게서 쉴 집을 찾고, 마음과 가슴은 하나가 됩니다.

풍요는 지금, 여기, 언제나 있습니다. 테이블이 있습니다. 마루가 있습니다. 마루에 양탄자가 깔려 있습니다. 창문이 있습니다. 하늘이 있습니다. 그리고 두 친구가 있습니다. 하나도 아니고, 아예 없는 것도 아니고, 둘이 있습니다. 지금 내가 살고 있는 이 세계를 계속 계속 묘사할 수 있습니다. 지금 이 순간을 설명하는 데에 한 생애가 걸릴지도 모릅니다. 얼마나 아름답습니까? 지어낸 이야기만 없다면 현실은 있는 그대로입니다. 그저 있는 그대로 존재합니다. 나는 그런 풍요 속에서 죽을 수도 있습니다. 아무것도 하지 않고 그저 알아차리기만 할 수도 있습니다.

다른 사람의 고통을 느끼는 것을 '동정'이라고들 생각합니다. 대단한 착각입니다. 다른 사람의 고통을 느끼는 일은 불가능합니다. 그 사람의 입장이라면 어떤 기분일까를 상상하며 자신의 모습을 대입시킬 뿐입니다. 그렇게 이야기를 지어냅니다.

고통은 당신이 지어낸 이야기일 뿐입니다. 고통이라는, 지어낸 이야기가 없다면 어떨까요? 고통의 자리는 더 이상 없을 것이고, 행복할 것입니다. 누군가가 당신을 필요로 할 때는 얼마든지 달려갈 수 있습니다. 당신은 이야기를 들어주는 사람, 스승, 붓다, 있는 그대로의 삶을 사는 사람이 될 수 있습니다.

당신과 내가 있습니다. '당신'과 '나', 이렇게 분리되어 있습니다. 몸이 분리되어 있으니, 당신이 상처를 입어도 나는 멀쩡합니다. 내가 상처를 입어도 당신은 무사합니다. 참으로 다행입니다.

당신은 당신의 괴로움을 나에게 투사하지 않고 온전히 나를 위해 있어줄 수 있나요? 당신이 괴로움을 겪고 있다면, 당신은 나를 품어줄 수 없습니다. 괴로움은 괴로움을 낳을 뿐입니다.

세상에 괴로움은 없습니다. 괴로움이 있다고 믿게끔 만드는, 검토해보지 않은 이야기가 있을 따름입니다. 세상에 실재하는 괴로움은 없습니다. 놀랍지 않습니까! '작업'을 해보십시오. 당신 스스로 알게 될 것입니다.

이해심을 바탕으로 생각을 직접 하나하나 만나며 친구로 환영해야 합니다. 나는 그 누구도 적으로 대하지도 않고 적으로 생각하지도 않습니다. 그런데 내가 어떻게 내 안의 생각을 적으로 만나고 느낄 수 있을까요? 내가 나의 생각을 친구로 만나는 법을 터득한다면, 모든 사람을 친구로 만날 수 있습니다.

우리는 '있는 그대로'의 우리 자신을 두려워합니다. 그래서 내면으로 들어가 이해심을 가지고 나 자신을 만나볼 생각을 하지 못합니다. 사람들이 나를 따분하게 생각하면 어쩌나, 하고 두려워합니다. 그런 생각에 한 번도 물음표를 붙이지 않은 채 그렇게 믿고 맙니다.

생각에 물음표를 붙이도록 돕는 것이 나의 일입니다. 두려움에 의문을 제기하고 검토해보면 더 이상 두려워할 것이 없다는 사실을 알게 됩니다. 최악의 경우는, 내가 나 자신에 대해 내린 판단을 다른 사람들도 그렇게 생각할 거라고 걱정하는 것입니다. 그래서 '나'라는 수렁에서 헤어 나오지 못하는 것입니다.

있는 그대로를 사랑하게 되면, 마음속의 전쟁은 막을 내립니다. 더 이상 내려야 할 결정 같은 건 없습니다. 내가 자주 하는 말이 있습니다.

"나는 미래가 없는 여자예요."

내려야 할 결정이 없으면 미래도 없습니다. 그렇다고 가야 할 길을 선택하지 않는 것은 아닙니다. 다만 힘들여 선택하지 않을 뿐입니다. 이야기를 지어내지 않으면, 길은 자기 스스로 드러나게 마련입니다.

내 안에 평화가 깃들지 못하면, 세상의 평화는 존재하지 않습니다. 당신이 세상이고, 당신이 우주입니다. 우주에 관한 이야기는 우주와 우주 저편의 이야기, 두 가지뿐입니다. 밤에 꿈 한 번 꾸지 않고 잔다면, 잠에 빠진 당신에게는 세상이 존재한다고 할 수 있을까요? 눈을 뜨고 '나'라고 말하기 전까지는, 세상은 존재하는 것이 아닙니다.

"나 일어났어."

"나 이제 일하러 가야 해."

"나 지금 이 닦고 있어."

'내'가 태어나기 전까지는, 세상이 존재하지 않습니다. 내가 일어나는 순간, 내가 생각하는 '나'라는 존재의 영화가 돌아가기 시작합니다. 팝콘을 사들고 어서 들어가세요! 당신의 존재에 대한 영화입니다.

하지만 당신의 생각에 물음표를 붙이고 검토하게 되면, 그 영화에 집착하지 않게 됩니다. 단지 대단한 영화일 뿐입니다. 반대로, 생각을 검토하지 않으면, '나'라는 것이 일어나고, 몸을 자기라고 동일시하며, 영화를 진짜 현실이라고 생각합니다. 하지만 인생은 순전히 영화 같은 환상입니다. 그 환상을 '나'라고 생각한다면, 당신은 생각의 검토를 시작해야 합니다.

당신 자신을 속이지 마십시오. 당신 자신이 아닌 다른 무엇이 되려고 애쓰지 마십시오.

당신은 '그것'을 소유할 수 없습니다. 당신이 이미 '그것'이기 때문입니다. 당신은 이미 원하는 것을 가졌습니다. 당신은 이미 당신이 원하는 존재 그 자체입니다. 이보다 더 좋은 것은 없습니다. 완전무결한 상태입니다. 지금 이 순간, 다퉈봐야 거짓말만 듣게 됩니다.

'작업'을 하면 거짓을 구별하는 눈과 진실의 힘을 얻을 수 있습니다. 놀라운 자각의 눈이 새롭게 떠집니다. 있는 그대로 얼마나 아름다운지, 경이의 눈이 떠집니다.

자기 자신에게 진실이 아닌 생각에 집착하는 순간, 걱정거리가 생깁니다. 그 집착을 버리는 순간, 걱정이 사라집니다. 무척 간단합니다. 어떤 생각을 사실이라고 믿지 않는다면, 걱정이나 불안은 찾아오지 않습니다. 생각은 믿을 것이 못 됩니다.

나는 모든 것과 사랑을 나누고 있습니다.
나는 내가 걸어 다니는 땅에 입맞춤을 합니다.
어디에 있든 그곳이 곧 나 자신이기 때문입니다.

숨을 쉬는가, 숨이 쉬어지는가?

믿음 없이 사는 것이 진정으로 사는 것입니다.
활짝 열린 마음으로 기다리고, 신뢰하고, 지금 우리 앞에 나타나는 일을 사랑하면서 사는 것, 그것이 진짜로 사는 것입니다.

∽

세상 어떤 것도 의미가 없고, 나 또한 의미가 없는 존재인데, 어떻게 살아갈 수 있느냐고 묻는 사람들이 있습니다. 매우 간단합니다. 우리는 모두 '살아집니다.'

우리는 '사는 일'을 하지 않습니다. 숨을 쉬어야겠다고 작정하고 쉬나요? 숨을 쉬는 데에는 이야기가 필요하지 않습니다. 이야기를 지어낼 필요가 없습니다. 손으로 턱을 괴고 있습니까? 그렇게 하겠다고 계획을 세워서 한 일입니까? 이야기를 지어내지 않으면, 우리는 애쓰지 않아도 움직이고 살아집니다. 완벽하게 건강한 몸으로 유연하고 자유롭게, 사랑을 가득 품고, 다툼 없이, 저항 없이 움직입니다. 자신이 세상을 통제할 수 있다고 생각하는 사람들에게는 이렇게 될 수 있다는 사실마저 놀라고 겁나는 일일 것입니다.

물음표를 제기하고 검토하십시오. 그러면 삶이 어떻게 이어지는지 알아차리게 됩니다. 훨씬 더 큰 즐거움 속에 살게 됩니다.

거짓된 이야기가 붕괴되는 가운데, 기쁨만이 보이게 됩니다.

⌇

나에게는 스승이 없었기 때문에, 정신적으로 영향을 받을 만한 사람이 없었습니다. 그래서 있는 그대로의 모습과 쉽게 사랑에 빠졌는지도 모르겠습니다. 차 한 잔을 앞에 놓고 의자에 앉아 있는 여자, 그 모습 그대로가 나는 좋습니다. 있는 그대로를 사랑하면, 세상살이가 단순하고 소박해집니다. 세상은 있어야 할 모습으로 정확히 그대로 있기 때문입니다.

⌇

자아실현이란 말들을 많이 합니다만, 자아실현이란 과연 무엇일까요? 당신은 아무 생각 없이 숨을 들이쉬고 내쉴 수 있나요? 그렇다면, 이 순간 당신 자신에게 빛을 비추십시오. 할 수 있습니까? 가능하다면, 당신의 지옥이 무너지게 됩니다.

마음은 가슴에서 집을 찾습니다. 마음은 가슴과 하나로 통합되어, 분리될 수 없다는 사실을 깨닫게 됩니다. 마음은 집을 찾아 편히 쉽니다. 위협받을 일도, 야단맞을 일도, 놀라서 달아날 일도 없습니다.

지어낸 이야기를 이해심을 가지고 만날 때, 비로소 평화가 찾아옵니다. 사랑과 이해만이 치유할 수 있습니다.

∽

　마음은 사방으로 흘러가는 것 같지만, 사실 마음은 움직임이 없고, 움직여본 적도 없습니다. 마음은 모든 것으로 나타나지만, 결국 어디에도 머물지 않습니다. 마음은 자아실현을 위해 끊임없이 일합니다.

　마음은 존재하지 않는 것을 원해봤자 아무 소용이 없다는 사실을 앎으로써 겸허해질 수 있습니다. 겸손한 마음은 지금 상태, 있는 그대로를 인정하며 빛을 발합니다. 마음은 만물을 위한, 자기 자신을 위한 감사함으로 충만해집니다.

∽

　에고는 참된 실상을 알게 될 것을 가장 두려워합니다. 참된 실상은 에고가 존재하지 않는 상태이기 때문입니다.

∽

　'작업'은 당신이 색안경을 쓰고 이야기를 각색하는 것을 줄여가는 일입니다. 이야기를 지어내지 않으면 당신은 어떤 존재가 될까요? 당신의 생각에 물음표를 제기하고 검토하기 전까지는 알 수 없습니다. 당신이 누구인지를 보여주는 이야기도 없고, 진정한 당신에게로 데려다주는 이야기도 없습니다. 모든 이야기는 당신이 만든 것입니다. 엉킨 것을 풀어보십시오. 모든 이야기에 앞서 존재하는 것이 바로 당신입니다. 지어낸 이야기를 이해하고, 그래도 남아 있는 것이 바로 당신입니다.

누군가 말합니다.

"정말 되는 일이 하나도 없네. 기분 잡쳤어."

일이 풀리지 않는다고, 제대로 되는 일이 없다고 투덜대는 사람은, 괴로움을 안고 사는 사람입니다. 그 사람은 자신이 거울에 비친 이미지를 보고 있을 뿐이라는 사실을 알지 못하고, 거울 속의 이미지를 자기 자신으로 착각하는 것입니다.

그저 있는 그대로 있으십시오. 지어낸 이야기가 없는 움직임, 그림자 같은 것, 인생은 그 이상의 무엇이 아닙니다. 그런 가운데 근원이 드러나고, 하나로 융합됩니다.

그림자를 생각해보십시오. 그림자는 다투는 일 없이 신처럼 움직입니다. 그것이 의식이고, 사람들이 말하는 '세계', '춤추는 신'입니다. 이야기를 지어내는 것이 문제지만, 물음표를 제기하여 검토하기만 하면, 저절로 웃음이 터질 것입니다. 그리고 그것조차 신입니다. 신 아닌 것은 없기 때문입니다.

가장 증오하는 적을 앞에 두고도 마음껏 행복할 수 있을 때까지는 '작업'이 끝난 것이 아닙니다. 적을 '작업'의 동기로 삼으라는 의미가 아닙니다. '작업'은 관찰하는 것입니다. 어떤 동기가 있어서 '작업'을 행하려고 한다면, 가령 떠난 연인을 돌아오게 하기 위해서나 술을 깨고 정신을 맑게 하기 위해서라면, '작업' 따위는 잊으십시오.

'작업'은 실상을 사랑하기 위해, 자유를 사랑하기 위해 하는 것입니다. 그래도 당신이 원하는 것은, 떠나간 연인을 어떻게든 돌아오게 하는 것이라고요? 그래야 행복해지고 자유로울 수 있다고요? 그렇다면 지금 당장 행복하고 자유로워지십시오! 당신이 자유이고 행복입니다. 따로 해야 할 일은 없습니다.

당신이 얼마나 중요한 존재인지를 안다면, 그리고 이야기를 지어내지 않고도 그것을 알게 된다면, 당신은 수많은 조각으로 나누어져 찬란하게 빛나는 존재가 될 것입니다. 잘못 이해된 개념들이 존재하는 것도 바로 그것을 깨닫기 위함입니다. 그 진실을 안다면, 당신은 어떤 것도 가리지 않고 사랑을 하는, 사랑에 눈이 먼 바보가 될 것입니다. 빛이 없이 사는 것은 너무나 크나큰 고통을 야기합니다. 나는 사람들이 어떻게 그렇게 오래도록 고통을 안고 살 수 있는지 모르겠습니다. 나도 43년 동안 그렇게 살았습니다. 돌아보면 43년이 430년 같습니다.

어느 것이든 아무것도 아닌 것보다는 낫다

'어느 것이든 아무것도 아닌 것보다는 낫다Somthing is better than nothing.'이 말이 진실입니까? 섬씽somthing도 신에게 붙여진 이름이고, 나씽nothing도 신에게 붙여진 이름입니다. 그것들은 동일합니다. 더 좋고 더 나쁘고가 없습니다. 알아차리셨습니까? 모든 단어는 신에게 붙여진 것입니다. 사물에 이름을 붙이고 싶습니까? '창세기'로 오신 것을 환영합니다.

∽

죽음에 대한 두려움은, 사랑에 대한 두려움을 가리기 위한 최후의 눈가리개입니다. 마음은 아무것도 보지 못하면서도, 실제 있는 그대로를 경험하지 못하게 하기 위해 어떤 이름을 붙이곤 합니다.

모든 두려움은 사랑에 대한 두려움입니다. 행위자도 없고, 고통을 창조하는 '나'도 없고, '나'라는 것의 실체도 없고, '나'를 딱히 누구라고 지칭할 수도 없습니다. 그것이 진실이지만, 두려움은 그것을 보지 못하도록 가로막습니다. 그런 두려움을 제거해야만이, 진정한 사랑을 발견할 수 있습니다.

신이 내게 깨달음을 주기를 기다린다면, 아주 오래 기다려야 할 것입니다. 몇 년, 아니 몇 십 년도 더 걸릴 수 있습니다. 온 마음을 다해 무릎을 꿇고 신에게 간절히 기도합니다. 그리고 그 기도를 듣는 사람은 바로 나입니다.

신에게 간청했던 것을 내 자신도 할 수 있을까요? 내가 나의 기도를 들을 수 있나요? 하긴, 나 말고 다른 누가 들을 수 있을까요?

나는 현실을 사랑합니다. 내가 나 자신에게 귀를 기울이면, 신과 나는 분리되지 않습니다. 신이 무엇인가를 해주기를 바란다면, 나는 그 마음을 뒤집어봅니다. 내가 나에게 그것을 해줄 수 있습니다! 그리고 절대의 평화와 광대한 진실의 바다 속에 있는 나 자신을 발견하게 됩니다.

'지금 이 순간을 살라.'는 말을 많이 합니다. 하지만 '지금'이라는 생각조차 하나의 개념입니다. '지금'이라는 생각이 마무리되기도 전에 '지금'은 이미 사라지고 없습니다. 존재했다는 아무런 증거도 남기지 않습니다. 생각조차도 존재하지 않습니다. 누구나 고요한 마음을 이미 가지고 있습니다. 그런데도 사람들은 고요한 마음을 찾아 헤매고는 합니다.

생각을 이해하기 전까지는, 기뻐해야 할 것도 고통으로 받아들이기 일쑤입니다. 이해를 하게 되면, 나는 내가 그토록 찾아 헤매었던 기쁨 그 자체가 됩니다. 나는 내가 그토록 바라던 바로 그 존재입니다.

우리는 이미 우리가 가지고 있는 것들을 보지 못하고 새로운 것들을 찾기에 너무 바빴습니다. 우리가 그토록 찾아 헤매던 것이, 바로 우리 자신의 있는 그대로의 실상임을 알면, 거울에 무엇이 비치든 있는 그대로를 사랑하고 즐기게 됩니다.

기쁨을 찾아다니는 방황을 그만둘 때, 찾아 헤매느라 보지 못했던 아름다움이 뚜렷하게 드러납니다. 단순하고 명쾌합니다. 우리가 찾으려고 했던 것들은, 우리가 지어낸 이야기들 저 너머에 이미 존재하고 있습니다.

시간의 시작은 없습니다. 생각의 시작이 있을 뿐입니다.

자아실현에 대한 리트머스 시험지는, 감사의 상태가 얼마나 끊임없이 이어지는가입니다. 그 감사의 마음은 한 개인이 구하거나 찾을 수 있는 것이 아닙니다. 그것은 다른 곳에서 오며, 우리를 완전히 압도합니다. 너무 커서 가릴 수도 없고 외면할 수도 없습니다. 그것은 그것 자신의 자아와도 같습니다. 간단히 말하면, '신, 자기 자신에게 매혹된 신'입니다.

존재의 중심에서는 언제나 핵융합 같은 창조가 일어나고, 이를 지켜보는 자기 또한 존재합니다. 자기가 창조하고, 자기가 지켜봅니다. 순간순간의 완전한 수용과 소진. 그것이 시작입니다. 그것이 마지막입니다. 마지막이자 시작이고, 시작이자 마지막입니다.

삶이 너무 좋아서 더 이상 좋아질 수 없을 것 같다고 여겨질 때, 인생은 더욱더 좋아집니다. 그렇게 되어 있습니다. 그것이 법칙입니다.

모든 말은 신의 소리입니다. 모든 말은 신이 하는 말입니다. 세상에는 개인적인 것이 하나도 없습니다. 동시에 세상의 모든 것이 개인적인 것입니다. 달이 뜨면 당신을 위해 뜨는 것입니다. 당신은 그걸 지켜보는 사람입니다!

모든 동작, 모든 소리, 모든 호흡, 모든 분자, 모든 원자는 거울에 비친 신의 이미지일 뿐입니다. 그래서 나는 움직이는 것이 아니라 움직여집니다. 나는 하는 것이 아니라 '되는 것입니다.' 내가 생각을 하는 것이 아니라 생각이 납니다. 내가 숨을 쉬는 것이 아니라 숨이 쉬어집니다.

나는 없습니다. 개인적인 것도 없고, 실재로 존재하는 것도 없습니다. 당신이 말을 하면, 그것은 신이 말을 하는 것입니다. 꽃이 피면, 신이 피는 것입니다. 히틀러가 행진하면, 신이 행진하는 것입니다. 나는 오직 신만 바라봅니다. '신God'에게 알파벳 하나만 더하면 '좋다good'가 됩니다. 나에게 있어서 둘은 동의어입니다. 나 자신의 모든 것, 당신 자신의 모든 것을 어떻게 사랑하지 않을 수 있겠습니까? '하나의 나'를 말입니다.

내면의 작업에 재미가 들리게 되면, 자신에게 일어날 수 있는 최악의 일을 기다리게 됩니다. 내면에서는 치유될 수 없는 문제를 찾을 수 없게 되니까, 과연 치유되어야 할 문제라는 것이 있는지, 궁금해집니다.

문제들이 다 풀리고 나면, 어떻게 내가 문제가 있다고 생각할 수 있었는지 의아해지기까지 합니다. 천국이 따로 없습니다.

용서란, 당신 생각에 이미 일어났다고 여겨지는 일이 일어나지 않았다고, 그러니 용서할 어떤 일도 없었다는 사실을 발견하는 것입니다.

어느 누구도 끔찍한 일을 저지른 적이 없습니다. 당신이 본 것에 관한 당신의 생각 이외에, 끔찍한 일은 없습니다. 그러니 괴로울 때면, 물음표를 제기해보고, 당신이 생각하는 그 생각들을 바라보십시오. 그리고 당신 자신을 자유롭게 풀어주십시오. 어린아이가 되십시오. 아무것도 알지 마십시오. 무지無知함을 좇아 당신의 자유를 향해 나 있는 길을 가십시오.

심지어는 진리라는 것도 최후에는 사라집니다. 모든 진리는 있는 그대로의 모습에 대한 왜곡입니다. 최후의 진리는, 나는 '최후의 판단'이라고 합니다만, 이렇습니다. '신은 모든 것이다. 신은 좋다.' 결국에는 이 말조차 사실이 아닙니다. 하지만 이 말에 어떤 울림이 느껴진다면, 간직하고 멋진 삶을 사십시오.

지은이 바이런 케이티 *Byron Katie*

현재 서구에서 가장 주목받는 영적 스승 바이런 케이티. 자신의 '생각'에 질문을 던져 진정한 자유와 본성을 찾으라고 말하는 그녀의 가르침은, 이미 전세계 수많은 사람들에게 평화와 행복을 선사했다. 단순하지만 강력한 힘을 지닌 그녀의 메시지에 대해 에크하르트 톨레는 '지구인을 위한 위대한 축복'이라고 일찍이 놀라움을 표현했으며, 〈오프라 윈프리 쇼〉 soul 시리즈에서 집중 소개되기도 했다.

〈타임〉지가 '새 시대의 영적 지도자'로 극찬한 바이런 케이티의 삶은 처음부터 특별했던 건 아니었다. 세 자녀의 어머니이자 부동산중개인으로 평범한 삶을 살던 그녀는 이혼과 실패로 인생의 막다른 길을 경험했다. 피해망상증과 우울증, 자신에 대한 분노와 좌절로 가득한 시기였고, 급기야 죽고 싶은 충동에 사로잡혀 요양원에 들어갔다. 그리고 그곳에서 축복과도 같은 삶의 메시지를 얻게 되었다. 그동안 품고 있던 삶에 대한 인식이 산산이 깨지며, 고통 없는 절대 기쁨의 상태를 맞이한 것이다. 피폐해질 대로 피폐해진 날들 속에 찾아온 환희의 경험이었고, 그 깨달음의 자유는 그녀를 전혀 다른 사람으로 만들어놓았다.

그녀에 대한 소문은 점점 퍼져나가, 많은 사람들이 그녀를 찾아오기 시작했고 초청이 밀려들었다. 그 후 그녀는 많은 나라를 다니며 고통과 괴로움에 허덕이는 사람들을 치유했고, 많은 사람들이 그녀를 통해 새 삶을 찾았다고 증언했다.

《나는 지금 누구를 사랑하는가》는 바이런 케이티의 가르침을 소개하는 것에 그치지 않고, 전세계 수많은 사람들과의 상담을 통해 전달한 핵심 메시지를 집대성했다. 사랑과 성과 관계의 문제, 건강과 질병과 죽음의 문제, 부모와 자녀의 문제, 일과 돈과 성공의 문제, 자아실현의 문제 등, 우리 삶에서 직면할 수밖에 없는 모든 문제의 해법을 담았다. (바이런 케이티 공식 홈페이지 www.thework.com)

나는 지금 누구를 사랑하는가

2011년 9월 20일 초판 1쇄 | 2025년 9월 10일 17쇄 발행

지은이 바이런 케이티 **편역** 유영일
펴낸이 이원주

기획개발실 강소라, 김유경, 강동욱, 박인애, 류지혜, 고정용, 이채은, 최연서
마케팅실 양근모, 권금숙, 양봉호 **온라인홍보팀** 신하은, 현나래, 최혜빈
디자인실 진미나, 윤민지, 정은예 **디지털콘텐츠팀** 최은정 **해외기획팀** 우정민, 배혜림, 정혜인
경영지원실 강신우, 김현우, 이윤재 **제작실** 이진영
펴낸곳 (주)쌤앤파커스 **출판신고** 2006년 9월 25일 제406-2006-000210호
주소 서울시 마포구 월드컵북로 396 누리꿈스퀘어 비즈니스타워 18층
전화 02-6712-9800 **팩스** 02-6712-9810 **이메일** info@smpk.kr

ⓒ 바이런 케이티 (저작권자와 맺은 특약에 따라 검인을 생략합니다)
ISBN 978-89-6570-035-7 (03840)

- 이 책은 저작권법에 따라 보호받는 저작물이므로 무단전재와 무단복제를 금지하며, 이 책 내용의 전부 또는 일부를 이용하려면 반드시 저작권자와 (주)쌤앤파커스의 서면동의를 받아야 합니다.
- 잘못된 책은 구입하신 서점에서 바꿔드립니다.
- 책값은 뒤표지에 있습니다.

쌤앤파커스(Sam&Parkers)는 독자 여러분의 책에 관한 아이디어와 원고 투고를 설레는 마음으로 기다리고 있습니다. 책으로 엮기를 원하는 아이디어가 있으신 분은 이메일 book@smpk.kr로 간단한 개요와 취지, 연락처 등을 보내주세요. 머뭇거리지 말고 문을 두드리세요. 길이 열립니다.